서울대 한국어+

Student's Book

서울대학교 언어교육원 지음

장소원 | 이정덕 | 연준흠 | 장은정

4A

서울대학교출판문화원

머리말

《서울대 한국어+》는 한국어 학습자들이 한국어 능력을 효과적으로 향상시킬 수 있도록 서울대학교 언어교육원의 축적된 한국어 교육 경험을 녹여 낸 교재입니다. 이 시리즈를 통해 한국어 학습자들은 한국어의 표현 영역인 말하기, 쓰기 기술과 이해 영역인 듣기, 읽기 기술을 단계적이고 주도적으로 발전시킬 수 있습니다.

《서울대 한국어+ Student's Book 4》는 600시간의 정규 과정에서 한국어 교육을 받았거나 그에 준하는 한국어 능력을 가진 일반 목적의 성인 한국어 학습자들을 위한 교재로서, 이 교재의 학습 목표는 한국어 숙달도 4급 수준에 도달하는 것입니다. 이 교재는 학습자가 쉽게 접할 수 있는 사회적, 추상적 주제에 대해 정확하고 유창한 한국어 의사소통 능력을 기르도록 만들어졌습니다. 각 단원에서는 주제와 관련된 어휘를 시각 자료와 함께 제시하였고, 말하기, 듣기, 읽기, 쓰기 기술을 효과적으로 연습할 수 있는 문법과 표현을 선별하여 구성하였습니다. 기존의 교재가 문법과 표현을 전면적인 교육 내용으로 제시한 것과 달리 《서울대 한국어+》에서는 문법과 표현을 별책으로 번역과 함께 제공하여 학습자들이 주도적으로 문법과 표현을 익힌 후 주교재의 활동을 통해 의미를 습득하고 표현할 수 있도록 하였습니다.

일상생활에서 자주 접하는 구어 중심의 말하기, 듣기 활동과 더불어 발표, 토의 등 공식적인 담화 상황에서 활용할 수 있는 말하기, 듣기 기능을 학습할 수 있도록 구성하여 이후 고급 수준으로 도약할 수 있는 징검다리 역할을 하도록 하였습니다. 또한 다양한 장르의 읽기 텍스트를 제시하고, 이와 관련된 쓰기 활동을 통해 이해 영역인 읽기와 표현 영역인 쓰기가 자연스럽게 연계될 수 있도록 집필하였습니다. 특히 쓰기 활동은 하나의 결과물로서의 쓰기뿐만 아니라 쓰는 과정에도 초점을 맞출 수 있도록 몇 가지 단계를 거쳐서 하나의 텍스트를 완성해 나가도록 하였습니다. 각 단원의 마지막에는 실제성 있는 과제를 배치하여 해당 단원에서 학습한 어휘, 문법과 표현, 말하기, 듣기, 읽기, 쓰기를 단계적, 통합적으로 활용할 수 있도록 집필하였습니다.

문화 영역에는 학습자들이 각 단원의 주제와 관련된 한국 문화를 상호문화적으로 접할 수 있도록 언어문화적인 내용과 사회문화적인 내용을 담았습니다. 발음은 단원의 어휘, 문법과 표현, 네 가지 언어 기술을 학습하는 데 관련이 있는 필수적인 것만 제시하였고, 이를 Workbook의 복습에서 정리, 연습할 수 있도록 구성하였습니다.

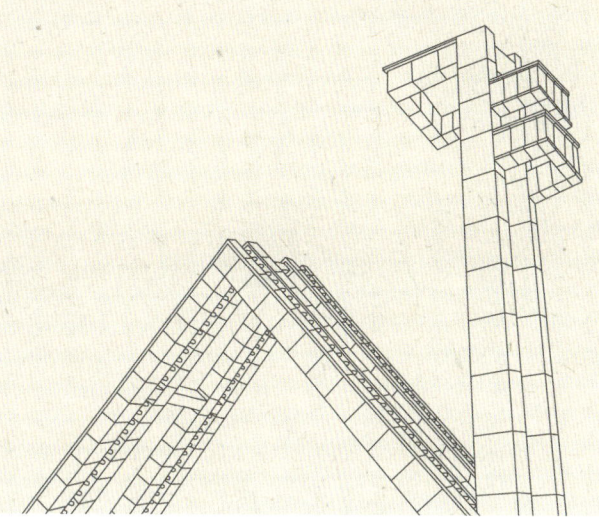

　이 책이 나오기까지 정말 많은 분들의 수고가 있었습니다. 서울대학교 국어국문학과 장소원 교수님은 《서울대 한국어+》 1~6급 교재의 기획, 교재 개발을 위한 사전 연구와 집필, 출판에 이르는 전체적인 과정을 총괄해 주셨고, 4급 교재의 집필을 총괄한 이정덕 선생님을 비롯해서 연준흠, 장은정 선생님은 오랜 기간 원고 집필뿐 아니라 편집, 출판 작업을 꼼꼼하게 진행해 주셨습니다. 또한 4급 교재 전권의 감수를 맡아 주신 안경화 교수님과 자문을 해 주신 한재영 교수님, 최은규 교수님의 도움이 없었다면 지금과 같은 책의 완성도를 기대하기 어려웠음을 잘 알고 있습니다. 깊이 감사드립니다. 그리고 영어 번역을 맡아 주신 이소명 번역가와 번역 감수를 맡아주신 UCLA 손성옥 교수님, 그리고 멋진 삽화 작업으로 빛나는 책을 만들어 주신 ㈜예성크리에이티브 분들께도 감사드립니다. 또 녹음을 담당해 주신 성우 이상운, 조경아 선생님과 2022년 여름 학기에 새 교재의 시범 단원으로 수업을 하신 후 소중한 의견을 주신 4급 정규반의 민정원, 김미연, 김현경, 박영지, 신필여, 이정화, 진문이, 최유리 선생님께도 진심으로 감사의 말씀을 드립니다. 마지막으로 학술 도서와 전혀 성격이 다른 한국어 교재의 출판을 결정하고 물심양면으로 지원해 주신 서울대학교출판문화원 이경묵 원장님과, 밤낮을 가리지 않고 고생을 감수하신 편집진분들께 깊이 감사드립니다.

2023년 6월
서울대학교 언어교육원 원장
장윤희

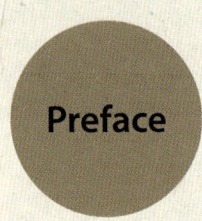

Preface

SNU Korean⁺ is a textbook that draws on the accumulated Korean language education experience of the Seoul National University Language Education Institute to help learners effectively improve their Korean language skills. Through this series, Korean language learners can gradually and pro-actively develop their speaking and writing skills, which are areas of expression, and their listening and reading skills, which are areas of comprehension.

SNU Korean⁺ Student's Book 4A is intended for general-purpose adult Korean language learners who have completed 600 hours of classroom instruction or equivalent Korean proficiency, with the goal of achieving level 4 Korean language fluency. This textbook is designed for learners to develop accurate and fluent Korean communication skills on social and abstract topics. The vocabulary related to each unit's topic is presented with visual materials along with selected grammar & expression for an effective way of practicing speaking, listening, reading, and writing skills. Instead of presenting grammar & expression as a comprehensive education content found in the previous textbooks, **SNU Korean⁺** provides a separate Grammar & Expression Book with translations for learners to learn at their own pace, understand the meaning, and express them through activities in the Student's Book.

The textbook serves as a stepping stone to move up to higher levels through everyday speaking and listening activities in addition to learning speaking and listening skills that can be used in formal situations such as presentations and discussions. Also, by presenting reading texts of various genres and related writing activities, learners can naturally link reading, an area of comprehension, to writing, an area of expression. In particular, the writing activity is designed to complete a text in a series of steps, allowing learners to improve their expressive skills through process-oriented writing activities. At the end of each unit, practical exercises are placed so that the vocabulary, grammar & expression, speaking, listening, reading, and writing can be used in a gradual and integrated manner.

The culture section accounts for linguistic-cultural and socio-cultural content in a way that allows learners to encounter Korean culture in an intercultural context related to the unit's topic. Pronunciation was selected based on necessity related to learning the vocabulary, grammar & expression of the unit, and skills for each language function, and was structured so that they could be refreshed and practiced in the review section of the Workbook.

A lot of dedication went into the publication of this book. I would like to express my sincere gratitude to everyone who contributed to this project. Thank you to Seoul National University Professor Chang Sowon at the Department of Korean Language and Literature, for overseeing the entire project, beginning with the preliminary research for the development of **SNU Korean⁺** Levels 1-6, Seoul National University LEI Instructor Lee Jeongdeok, for editing the authoring of Level 4, and Seoul National University LEI Instructors Yeon Joonheum and Chang Eunjung, for writing, reviewing, and editing the manuscript to produce the overall completion of **SNU Korean⁺** Level 4. My deepest thanks to supervisor former Seoul National University LEI Professors Ahn Kyunghwa, and consultants Hanshin University Honorary Professor Han Jae Young and former Seoul National University LEI Professor Choi Eunkyu because the Level 4 textbooks could not have been developed without their help. Thanks to translator Lee Susan Somyung, translation editor UCLA Professor Sohn Sung-Ock, and the YESUNG Creative artists for the stunning illustrations. Many thanks to the voice actors Lee Sangun and Cho Kyung-ah, along with Seoul National University LEI Level 4 Instructors Min Jungwon, Kim Meeyun, Kim Hyunkyung, Park Youngjee, Shin Pilyeo, Lee Junghwa, Jin Moone, and Choi Yoori, who provided insightful feedback after using the new textbook's sample unit as a pilot in the summer semester of 2022. Lastly, a special thanks to Seoul National University Press Director Lee Kyungmook for providing financial and spiritual support and deciding to publish these Korean textbooks, as well as the editorial staff for working tirelessly on this project.

June 2023
Jang Yoonhee
Executive Director
Language Education Institute, Seoul National University

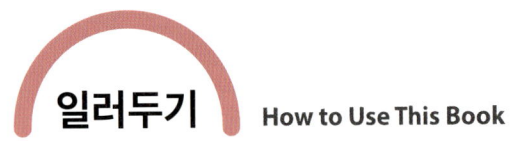

일러두기 How to Use This Book

《서울대 한국어+ Student's Book 4A》는 1단원부터 9단원까지 9개의 단원으로 구성되었으며 각 단원은 두 개의 과로 나누어진다. 각 단원의 1과는 '도입, 어휘, 말하기 1·2, 듣기 1·2·3'이며, 2과는 '어휘, 읽기 1·2, 쓰기, 과제, 문화, 발음, 자기 평가'로 구성된다. 각 과는 각각 4시간 수업용이다.

SNU Korean+ Student's Book 4A consists of units 1-9. Each unit has two lessons–Lesson 1: Introduction, Vocabulary, Speaking 1, 2, Listening 1, 2, 3, and Lesson 2: Vocabulary, Reading 1, 2, Writing, Task, Culture, Pronunciation, and Self-Check. Each lesson amounts to 4 hours of classwork.

해당 단원의 주제를 아우르는 질문을 제시하여 단원 주제에 대해 생각해 볼 수 있도록 구성하였다. 학습자는 질문을 이해하고 답을 생각해 보면서 배경지식을 활성화하고 학습 목표와 학습 주제를 파악할 수 있다.

The book is designed so that learners can think about the topic of the unit by looking at questions related to it. Learners can activate their background knowledge and recognize learning goals and subject matter by understanding the questions and thinking about the answers.

어휘 Vocabulary

주제별로 선정된 목표 어휘를 시각 자료와 상황, 번역과 함께 제시하여 학습자가 어휘의 의미를 유추, 확인할 수 있도록 구성하였다. 또한 어휘를 활용하여 자신의 상황에 맞게 말할 수 있도록 다양한 질문을 제시하였다.

The target vocabulary for each topic is presented with visuals, situations, and translations so that learners can infer and confirm the meaning. Also, various questions are presented so that learners can use the vocabulary accordingly when speaking.

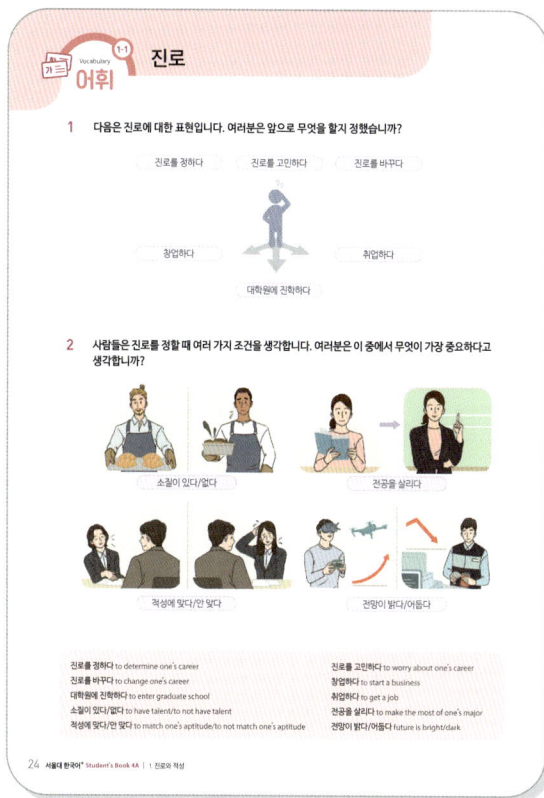

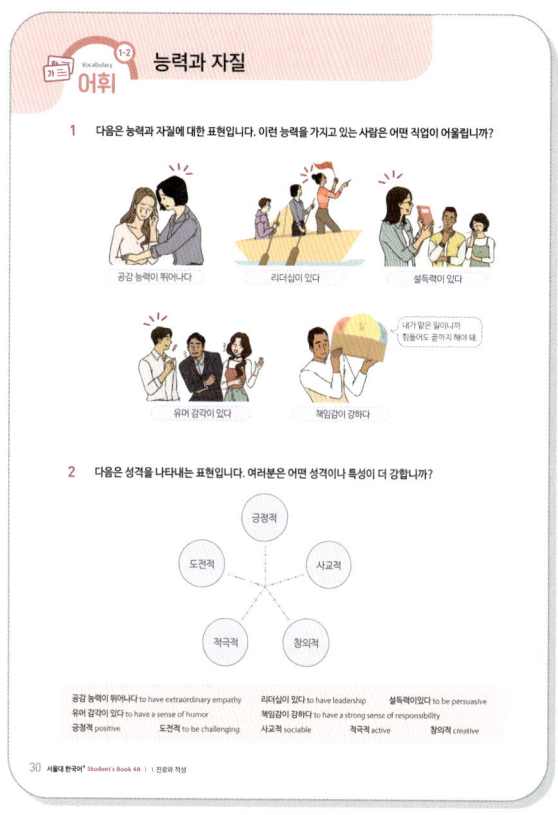

말하기 Speaking

'준비 1·2', '말하기 1·2'로 구성하였다.

This section is composed of Warm-up 1, 2, and Speaking 1, 2.

준비 1·2 Warm-up 1, 2

목표 문법과 표현을 정확하게 익혀서 다음 단계인 말하기 1, 2를 준비할 수 있도록 하였다.

By accurately learning the target grammar & expression, learners can prepare for Speaking 1, 2.

말하기 1 Speaking 1

해당 과의 주제와 세부 말하기 기능, 어휘, 문법과 표현을 담은 대화문을 제시하여 단원 주제와 세부 말하기 기능 표현을 확인할 수 있도록 하였다. 학습자는 기능 표현을 활용해 주어진 3~4개의 상황에 맞는 담화를 구성할 수 있다.

Conversations with topics, detailed speaking skills, vocabulary, grammar & expression from the lessons are presented to confirm the unit's topic and detailed speaking skills. Learners can construct discourse suitable for three to four given situations by using functional expressions.

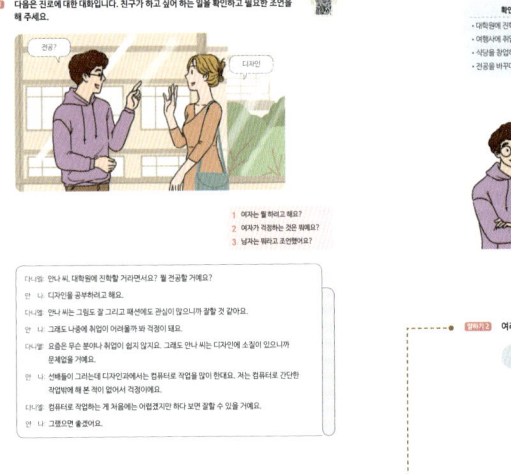

말하기 2 Speaking 2

학습자가 해당 과의 주제와 관련된 의미 있는 담화를 스스로 생성해 낼 수 있도록 질문과 구체적인 상황을 제시하였다.

Questions and specific situations are presented so that learners can construct and engage in meaningful discourse about the topic of the corresponding lesson.

듣기 Listening

'준비', '듣기 1·2·3'과 '말하기' 활동으로 구성된다.
This section is composed of Warm-up, Listening 1, 2, 3, and Speaking.

준비 Warm-up

듣기 전 단계로, 들을 내용을 예측할 수 있는 질문 또는 시각 자료를 제시하여 학습자의 배경지식을 활성화한다.

As the pre-listening stage, the learner's background knowledge is activated by presenting questions, photos, and illustrations that help predict what they will listen.

듣기 Listening

듣기는 '듣기 1·2·3'으로 구성하였다. 여러 주제와 상황에서의 실제적이고 다양한 종류의 듣기 텍스트를 제시하였다. 듣기 단계에서는 들은 내용을 확인하는 문제를 제공하여 학습자 스스로 이해 수준을 점검해 볼 수 있도록 하였다.

Listening is composed of Listening 1, 2, 3. It covers a wide range of topics, situations, and practical yet diverse listening texts. In the listening stage, questions are provided to confirm the learner's listening skills and level of understanding.

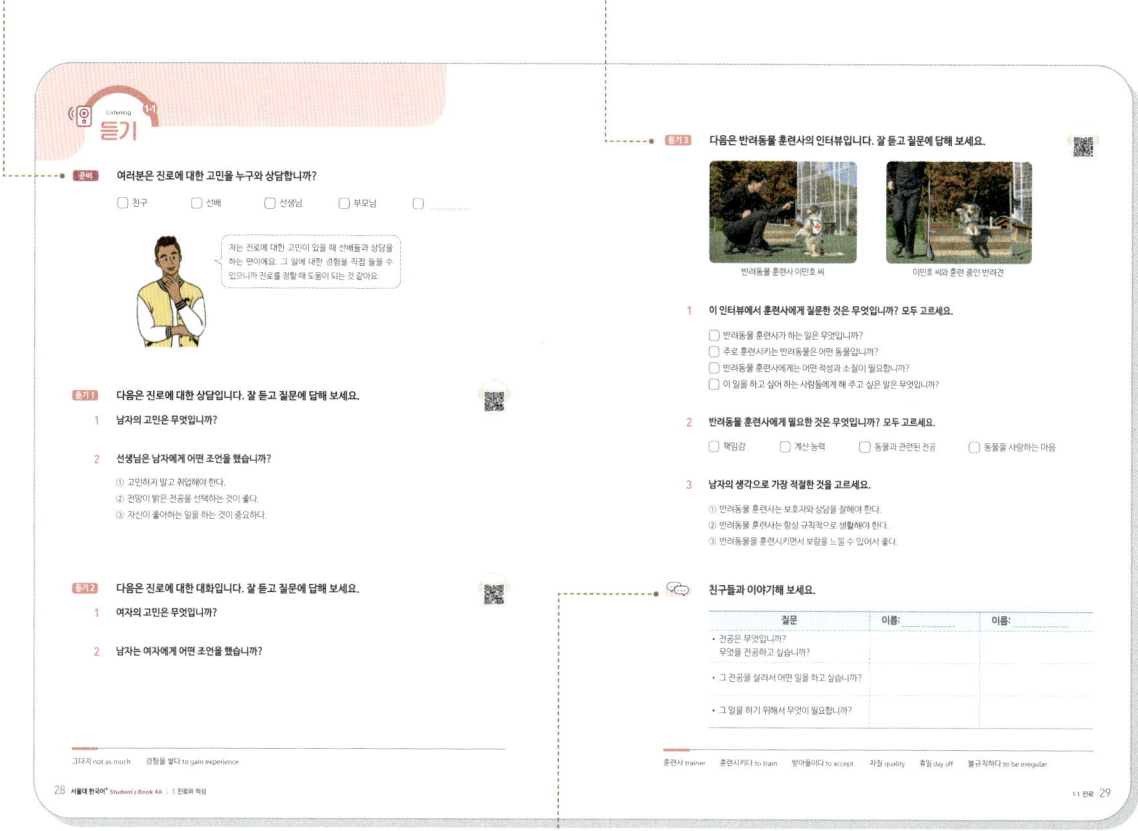

말하기 Speaking

듣기 후 단계로, 이 단계에서는 듣기의 주제 및 기능과 연계된 짧은 담화를 생성하게 하여 학습자의 의사소통 능력을 향상시킬 수 있도록 하였다.

As the post-listening stage, learners can improve their communication skills by constructing short discourses on the topic and functions of listening.

읽기 Reading

'준비', '읽기 1·2'와 '말하기' 활동으로 구성된다.
This section is composed of Warm-up, Reading 1, 2, and Speaking.

준비 Warm-up

읽기 전 단계로, 이 단계에서는 해당 과의 주제와 관련된 도표, 사진, 인포그래픽 등을 통해서 학습자의 읽기 텍스트 관련 배경지식을 활성화할 수 있도록 하였다. 또한 자료를 해석하여 주제 어휘, 목표 문법과 표현을 활용해 짧은 담화를 완성할 수 있도록 구성하였다.

The learner's background knowledge is activated in the pre-reading stage by presenting graphs, photos, and infographics related to the topic of the lesson. Also, the topic vocabulary, target grammar & expression are used to complete a short discourse by interpreting the materials.

읽기 Reading

읽기는 '읽기 1·2'로 구성하였다. '읽기 1'에서는 비교적 짧은 실용문을 제시하였고, '읽기 2'에서는 설명문, 칼럼, 기사, 감상문 등 완결된 형식의 텍스트를 제시하였다. 읽은 내용에 대한 확인 문제를 통해서 학습자 스스로 이해 수준을 점검해 볼 수 있다. 읽기 1, 2는 쓰기 활동과 연계되며, 일종의 모범 텍스트로서 학습자가 글을 쓸 때 참고할 수 있도록 하였다.

Reading is composed of Reading 1, 2. Reading 1 is a short practical text, whereas Reading 2 is a longer text such as an explanatory essay, a column, an article, or a review. The questions allow learners to evaluate their level of understanding. Reading 1, 2 are linked to writing and serve as model texts for learners to refer to when writing.

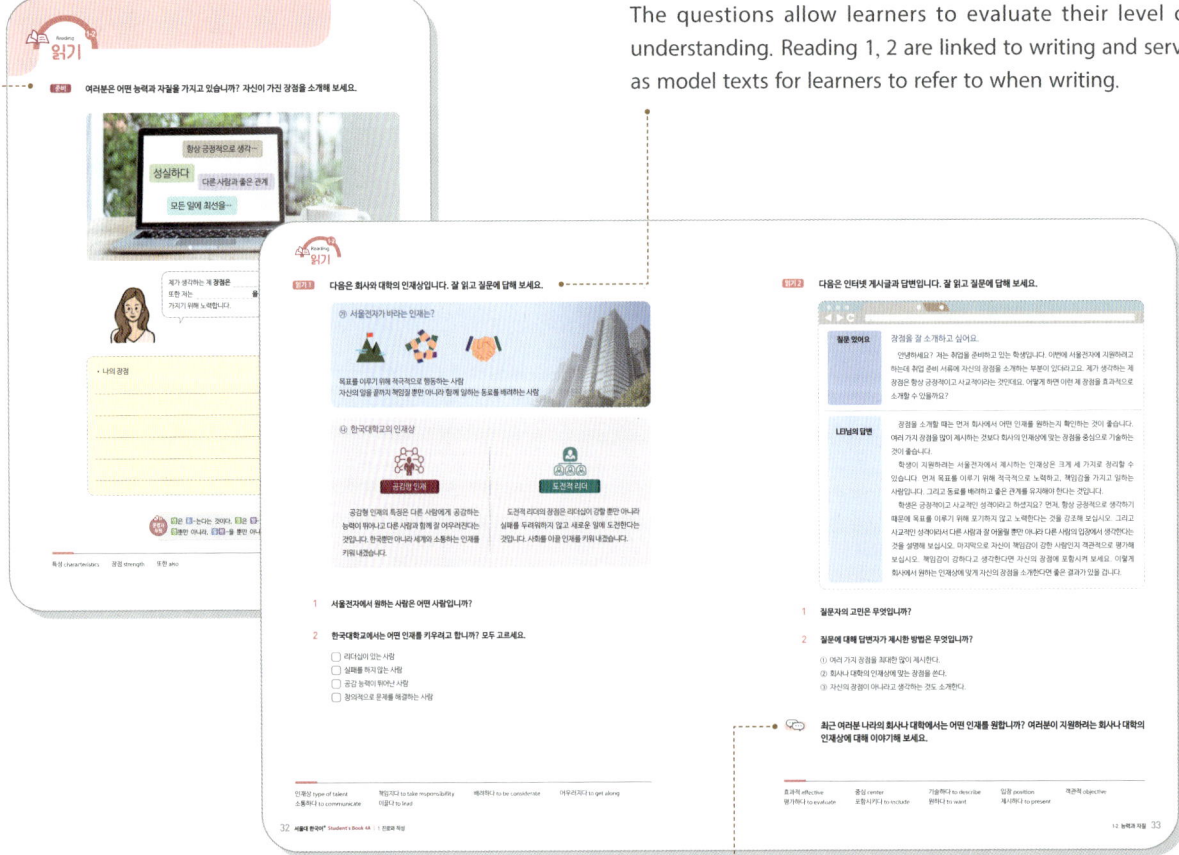

말하기 Speaking

읽기 후 단계로서, 이 단계에서는 읽기의 주제 및 기능과 연계된 질문을 제시하여 학습자들이 읽기 텍스트와 관련된 각자의 생각을 이야기해 볼 수 있도록 구성하였다.

In the post-reading stage, questions related to the reading's topic and functions will allow learners to speak their minds.

쓰기 Writing

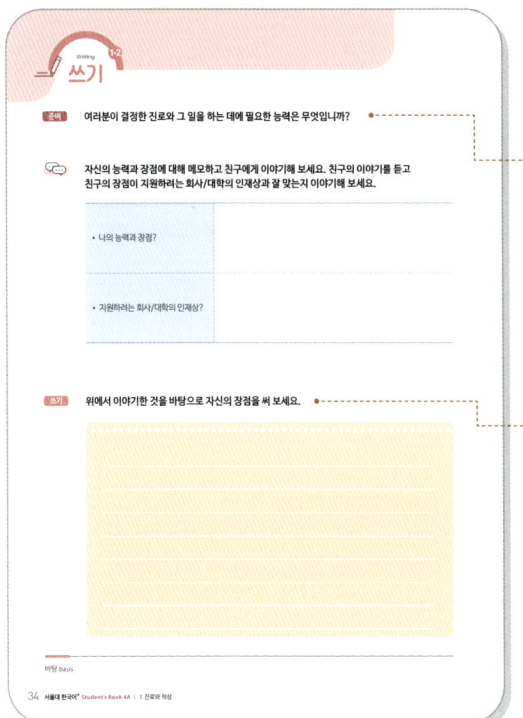

쓰기는 '준비'와 '쓰기'로 구성하였다.

Writing is composed of Warm-up and Writing.

준비 Warm-up

쓰기 전 단계로서 학습자는 질문이나 제시된 자료를 통해서 자신이 쓸 내용에 대한 생각을 정리할 수 있다.

During the pre-writing stage, learners can organize their thoughts about what they want to write through the questions or presented materials.

쓰기 Writing

학습자들이 준비 단계에서 생각한 내용을 바탕으로 구체적인 개요를 작성하고, 읽기 텍스트와 유사한 장르의 글을 쓰도록 하였다. 과정 중심 글쓰기 활동이며 학습자들이 단계별로 자신의 쓰기 능력을 향상시킬 수 있도록 하였다.

Based on the detailed outline written in Warm-up, learners can write texts similar to the reading genre. It is a process-oriented writing activity that allows learners to improve their writing skills step by step.

과제 Task

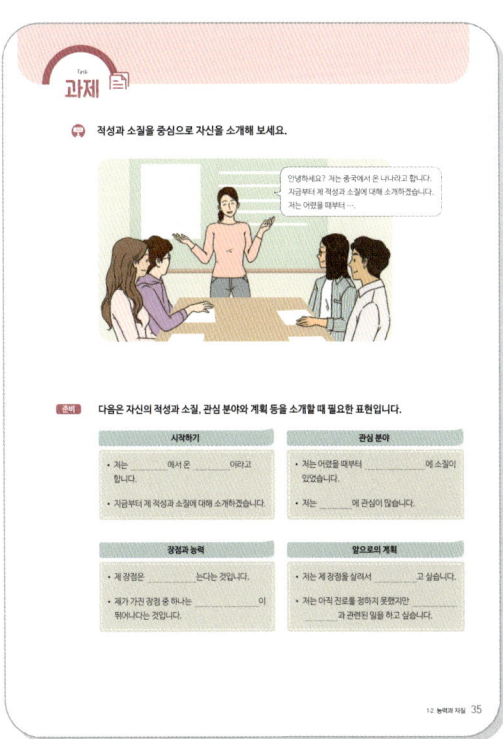

'준비'와 2~3개의 단계로 구성하였다. 학습자들은 다른 학습자와의 상호 작용을 통해 주어진 문제를 해결하는 과정에서 한국어 유창성을 키울 수 있다.

Task is consisted of Warm-up along with two to three stages. Learners can develop Korean fluency while solving a given problem by interacting with other learners.

문화 Culture

단원 주제와 관련된 언어문화적, 사회문화적 내용을 시각 자료와 간단한 텍스트로 제시하여 상호문화적인 관점에서 한국 문화에 대한 이해를 넓힐 수 있도록 구성하였다.

The linguistic-cultural and socio-cultural content related to the unit's topic is presented in visual materials and simple texts to broaden intercultural understanding of Korean culture.

발음 및 자기 평가
Pronunciation and Self-Check

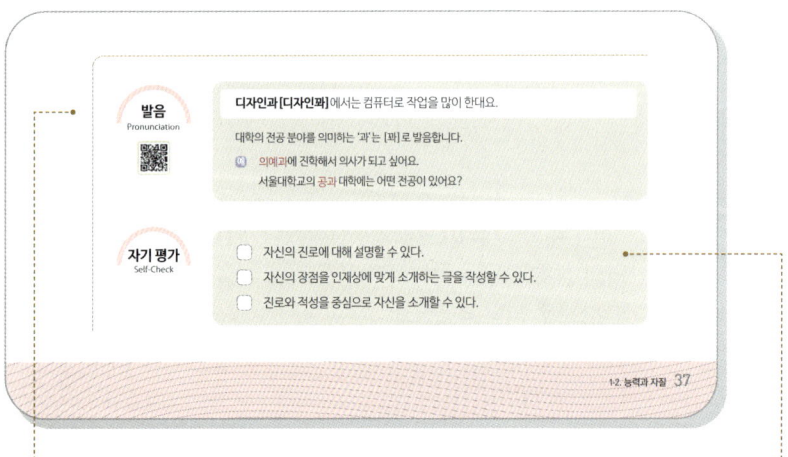

발음 Pronunciation

각 단원 '말하기 1'의 모범 대화에 제시된 어휘 또는 문법과 표현의 음운, 운율 현상을 확인하고 예문을 통해 연습할 수 있다.

Learners can use the example sentences to confirm the phonology and prosody of vocabulary, grammar & expression presented in each unit's Speaking 1 model conversations.

자기 평가 Self-Check

단원의 학습 목표를 달성하였는지 학습자 스스로 확인할 수 있도록 질문을 제시하였다.

Questions are presented so that learners can confirm whether they have achieved the learning objectives of the unit.

차례 Table of Contents

머리말 Preface	• 2
일러두기 How to Use This Book	• 6
교재 구성표 Scope and Sequence	• 14
등장인물 Characters	• 20

1단원	진로와 적성 Career & Aptitude	1-1. 진로 Career	• 24
		1-2. 능력과 자질 Abilities & Qualities	• 30
2단원	건강한 삶 Healthy Life	2-1. 질병과 증상 Disease & Symptoms	• 40
		2-2. 건강한 습관 Healthy Habits	• 46
3단원	선택과 변화 Choices & Changes	3-1. 만족과 후회 Satisfaction & Regret	• 56
		3-2. 사회 변화 Social Change	• 62
4단원	기후와 문화 Climate & Culture	4-1. 날씨와 기후 Weather & Climate	• 72
		4-2. 기후와 문화의 특징 Climate & Characteristics of Culture	• 78
5단원	여행의 즐거움 Delight of Travel	5-1. 아름다운 풍경 Beautiful Scenery	• 88
		5-2. 여행의 기쁨 Joy of Travel	• 94
6단원	공연과 축제 Performances & Festivals	6-1. 함께 즐기는 축제 Enjoying the Festival Together	• 104
		6-2. 감상과 평가 Reviews & Evaluations	• 110
7단원	숫자로 보는 세상 World in Numbers	7-1. 조사 결과 Survey Results	• 120
		7-2. 통계와 그래프 Statistics & Graphs	• 126
8단원	대중문화 Pop Culture	8-1. 스타와 대중문화 Stars & Pop Culture	• 136
		8-2. 대중문화의 영향 Pop Culture Influence	• 142
9단원	스포츠의 세계 World of Sports	9-1. 흥미진진한 경기 Exciting Matches	• 152
		9-2. 경기와 규칙 Matches & Rules	• 158

부록 Appendix	• 167

 **교재 구성표** Scope and Sequence

단원 제목 Unit Title		어휘 Vocabulary	기능별 활동 Skills
1. **진로와 적성** Career & Aptitude	1-1. 진로 Career	진로, 진로를 정할 때 고려할 조건 Career, Conditions to consider when choosing a career path	말하기 Speaking • 들은 내용 확인하고 조언하기 Confirming what you hear and giving advice
	1-2. 능력과 자질 Abilities & Qualities	능력과 자질, '-적' Abilities & qualities, '-적'	읽기 Reading • 대학과 기업의 인재상 읽기 Talent universities and companies are looking for • 장점 소개에 대한 상담 글 읽기 Counseling article about introducing strengths
2. **건강한 삶** Healthy Life	2-1. 질병과 증상 Disease & Symptoms	증상, 증상과 관련된 관용 표현 Symptoms, Idiomatic expressions related symptoms	말하기 Speaking • 증상이 나타나는 조건과 정도 표현하기 Conditions and extent of symptoms
	2-2. 건강한 습관 Healthy Habits	식습관, 질병 Eating habits, Disease	읽기 Reading • 식습관 체크 리스트 읽기 Eating habits check list • 건강한 식습관에 대한 칼럼 읽기 Column about healthy eating habits
3. **선택과 변화** Choices & Changes	3-1. 만족과 후회 Satisfaction & Regret	만족, 후회 Satisfaction, Regret	말하기 Speaking • 선택의 결과에 대한 감정 표현하기 Expressing your feelings about the consequences of your choices
	3-2. 사회 변화 Social Change	가치관, '비-' Values, '비-'	읽기 Reading • 가치관 변화에 대한 칼럼 읽기 Column about changing values • 학교 교육의 필요성에 대한 칼럼 읽기 Column about the need for school education

기능별 활동 Skills	문법과 표현 Grammar & Expression	과제 Task	문화 Culture	발음 Pronunciation

듣기 Listening
• 진로에 대한 상담 듣기
Career consultation
• 진로 고민에 대한 대화 듣기
Conversation about career concerns
• 반려동물 훈련사의 인터뷰 듣기
Interview with a pet trainer
	• 동-는다면서(요)?
	  형-다면서(요)?
	  명이라면서(요)?
	• 동-다(가) 보면
		자신의 적성과 소질, 진로 발표하기
		Presenting your aptitude, talent, and career
			미래에는 어떤 능력이 중요할까?
			What kind of abilities will be important in the future?
				디자인과

쓰기 Writing
• 자신의 장점 쓰기
My strengths
	• 명은 동-는다는 것이다
	  명은 형-다는 것이다
	  명은 명이라는 것이다
	• 명뿐만 아니라
	  동형-을 뿐만 아니라
	  명일 뿐만 아니라			

듣기 Listening
• 증상 상담 듣기
Symptoms counseling
• 라디오 프로그램에 대한 예고 방송 듣기
Radio program preview
• 안구건조증의 증상과 치료에 대한 대담 듣기
Conversation about the symptoms and treatment for dry eyes
	• 동형-을 정도로
	  동형-을 정도이다
	• 명만 되면
	  동-기만 하면
		건강 포스터 만들기
		Creating a health poster
			소화하기 어렵다? 몸살을 앓다? (증상과 관련된 관용 표현)
			Hard to digest? Having body aches? (Idiomatic expressions related to symptoms)
				깨질 정도로

쓰기 Writing
• 건강한 생활을 위한 자신만의 체크 리스트 쓰기
My checklist for healthy life
	• 동-는 셈이다
	  형-은 셈이다
	  명인 셈이다
	• 동형-을 수밖에 없다
	  명일 수밖에 없다			

듣기 Listening • 신인 가수의 인터뷰 듣기 Interview with a rookie singer • 라디오 광고 듣기 Radio advertisement • 고백과 거절에 대한 라디오 사연 듣기 Radio stories about confessions and rejections	• 동-으려다(가) • 동-다(가) 보니(까)	선택에 대한 경험 소개하기 Introducing the experience of choice	비혼, 졸혼… 변화하고 있는 가치관 Remaining single, graduating from marriage… changing values	창업하려다가

쓰기 Writing
• 요약문 쓰기
Summary
	• 동형-음
	  명임
	• 동-는가?
	  형-은가?
	  명인가?			

단원 제목 Unit Title		어휘 Vocabulary	기능별 활동 Skills
4. **기후와 문화** Climate & Culture	4-1. 날씨와 기후 Weather & Climate	날씨, '폭-' Weather, '폭-'	**말하기 Speaking** • 곤란했던 경험과 들은 정보 전달하기 Sharing difficult experiences and conveying information you heard
	4-2. 기후와 문화의 특징 Climate & Characteristics of Culture	기후, 문화의 특징 Climate, Characteristics of culture	**읽기 Reading** • 과일 재배지 변화에 대한 만화 읽기 Cartoon about changes in fruit plantation • 지역별 김치의 특징에 대한 설명문 읽기 Explanatory writing about the characteristics of regional kimchi
5. **여행의 즐거움** Delight of Travel	5-1. 아름다운 풍경 Beautiful Scenery	자연 현상, 풍경 묘사 Natural phenomenon, Landscape description	**말하기 Speaking** • 여행지 소개하고 감상 말하기 Introducing travel destinations and impressions
	5-2. 여행의 기쁨 Joy of Travel	기분 ①, '-없이' Mood ①, '-없이'	**읽기 Reading** • 여행지 정보 검색 결과 읽기 Travel destination information search results • 여행 경험에 대한 감상문 읽기 Travel experience reviews
6. **공연과 축제** Performances & Festivals	6-1. 함께 즐기는 축제 Enjoying the Festival Together	축제, '-거리' Festival, '-거리'	**말하기 Speaking** • 축제 참가에 대해 토의하기 Discussing festival participation
	6-2. 감상과 평가 Reviews & Evaluations	감상, 평가 Reviews, Evaluations	**읽기 Reading** • 공연 정보 읽기 Performance information • 축제를 소개하는 기사 읽기 Festival article

기능별 활동 Skills	문법과 표현 Grammar & Expression	과제 Task	문화 Culture	발음 Pronunciation
듣기 Listening • 일기 예보 듣기 Weather forecast • 날씨에 대한 대화 듣기 Conversation about the weather • 폭설과 폭우에 대한 대담 듣기 Conversation about heavy snow and heavy rain **쓰기 Writing** • 대조하여 설명하는 단락 쓰기 Explanatory (contrast) paragraph	• 동-는다더라고(요) 형-다더라고(요) 명이라더라고(요) • 동-는 바람에 • 명을 비롯해(서) 명을 비롯한 • 동-는 반면(에) 형-은 반면(에) 명인 반면(에)	주제 발표하기 Presenting topics of interest	봄을 타나 봐요 (날씨와 관련된 관용 표현) Spring gives me butterflies (Idiomatic expression related to the weather)	햇볕이
듣기 Listening • 여행 경험에 대한 대화 듣기 Travel experiences • 여행지를 소개하는 라디오 방송 듣기 Radio broadcast about travel destinations • 여행 일정에 대한 토의 듣기 Travel itinerary discussion **쓰기 Writing** • 여행 경험에 대한 블로그 글 쓰기 Travel experience blog	• 명이면 명 명이면 명 • 어찌나 동-는지 어찌나 형-은지 어찌나 명인지 • 동-는 듯하다 형-은 듯하다 명인 듯하다 • 동형-으며 명이며	관광 안내도 만들기 Creating a tourist guide map	한국인이 선호하는 여행지는 어디? Which travel destination do Koreans prefer?	낮이면 낮 밤이면 밤 (억양)
듣기 Listening • 축제에 대한 라디오 광고 듣기 Radio advertisements about the festival • 축제 참가에 대한 대화 듣기 Conversations about festival participation • 축제 참가에 대한 토의 듣기 Discussion about festival participation **쓰기 Writing** • 축제 또는 공연 소개하는 글 쓰기 Festival or performance introduction	• 동형-던데(요) 명이던데(요) • 동-는다고 보다 형-다고 보다 명이라고 보다 • 여간 동-는 것이 아니다 여간 형-은 것이 아니다 여간 명인 것이 아니다 여간 동형-지 않다 • 명이야말로	토의하기 Discussing	잔칫날 먹는 음식, 잔치국수 Food you eat on celebratory days, Banquet noodles	볼거리

단원 제목 Unit Title		어휘 Vocabulary	기능별 활동 Skills
7. **숫자로 보는** **세상** World in Numbers	7-1. 조사 결과 Survey Results	조사 결과, 범위와 숫자 Survey results, Ranges & numbers	말하기 Speaking • 조사 결과 전달하기 Conveying survey results
	7-2. 통계와 그래프 Statistics & Graphs	수량과 가격 변화, '-률' Changes in quantity & price, '-률'	읽기 Reading • 설문 조사 문항 작성에 대한 설명문 읽기 Explanatory writing about survey questions • 쌀 소비량의 변화에 대한 기사 읽기 Changes in rice consumption article
8. **대중문화** Pop Culture	8-1. 스타와 대중문화 Stars & Pop Culture	기분 ②, 유명인의 근황 Mood ②, Celebrity news	말하기 Speaking • 유명인의 근황과 확신 말하기 Celebrity news and conviction
	8-2. 대중문화의 영향 Pop Culture Influence	스타의 영향, '무-' Star influence, '무-'	읽기 Reading • 사진 기사와 댓글 읽기 Photo article and comments • 대중문화와 스타에 대한 칼럼 읽기 Column about pop culture and stars
9. **스포츠의 세계** World of Sports	9-1. 흥미진진한 경기 Exciting Matches	승부와 결과, 운동 경기의 내용 Matchups & results, Description of matches	말하기 Speaking • 결과 예상하기 Anticipating the outcome
	9-2. 경기와 규칙 Matches & Rules	경기 방법, 경기 규칙 Match play, Match rules	읽기 Reading • 태권도에 대한 인터넷 검색 글 읽기 Taekwondo internet article • 태권도 경기 방법에 대한 설명문 읽기 How to do Taekwondo matches

기능별 활동 Skills	문법과 표현 Grammar & Expression	과제 Task	문화 Culture	발음 Pronunciation
듣기 Listening • 조사 결과에 대한 대화 듣기 Conversations about survey results • 소비 변화에 대한 뉴스 듣기 News about consumption change • 경제 상황과 소비에 대한 대담 듣기 Conversations about economic conditions and consumption **쓰기 Writing** • 조사 결과 쓰기 Survey results	• 명에 따라(서) • 동-느냐에 따라(서) • 형-으냐에 따라(서) • 명이냐에 따라(서) • 명에 의하면 • 명에 불과하다 • 명을 통해(서)	설문 조사하기 Surveying	1004, 2424, 8282… 이 숫자는 무슨 의미일까요? What do these numbers mean?	%, Kg (단위의 발음)
듣기 Listening • 영화제에 대한 뉴스 듣기 News about film festival news • 영화 감상에 대한 대화 듣기 Conversation about watching movies • 영화제 수상 배우의 인터뷰 듣기 Interview with film festival award-winning actress **쓰기 Writing** • 기사에 대한 댓글 쓰기 Comment on an article	• 동형-을 리(가) 없다 • 명일 리(가) 없다 • 명만 못하다 • 동-은 채(로) • 동-는다 싶다 • 형-다 싶다 • 명이다 싶다	인터뷰하기 Interviewing	'팬덤'을 아시나요? Do you know about fandom?	심장이 터질 것 같다
듣기 Listening • 핸드볼 경기 중계 듣기 Handball match broadcast • 축구 경기 중계 예고 듣기 Soccer match preview • 축구 경기에 대한 뉴스 듣기 Soccer match news **쓰기 Writing** • 운동 경기 규칙을 설명하는 글 쓰기 Explaining the match rules	• 동-으나 마나 • 동-기는 틀렸다 • 명으로(서) • 동형-으나 • 명이나	인기 있는 운동 경기 조사해서 발표하기 Researching popular sports and presenting it	인기 있는 생활 체육, 태권도 Taekwondo - popular sports for all	0 : 1 (숫자의 발음)

1 진로와 적성 Career & Aptitude

1-1 진로

1-2 능력과 자질

1 여러분은 앞으로 무엇을 하고 싶습니까?
2 그 일을 하기 위해서 어떤 능력이 필요합니까?

진로

1 다음은 진로에 대한 표현입니다. 여러분은 앞으로 무엇을 할지 정했습니까?

2 사람들은 진로를 정할 때 여러 가지 조건을 생각합니다. 여러분은 이 중에서 무엇이 가장 중요하다고 생각합니까?

진로를 정하다 to determine one's career
진로를 바꾸다 to change one's career
대학원에 진학하다 to enter graduate school
소질이 있다/없다 to have talent/to not have talent
적성에 맞다/안 맞다 to match one's aptitude/to not match one's aptitude

진로를 고민하다 to worry about one's career
창업하다 to start a business
취업하다 to get a job
전공을 살리다 to make the most of one's major
전망이 밝다/어둡다 future is bright/dark

준비 1 다른 사람에게 들은 친구의 소식을 그 친구에게 직접 물어보세요.

친구의 소식
- 한국 회사에 취업하다
- 대학원에 진학하다
- 식당을 창업하다

다른 질문
- 면접 준비?
- 무슨 전공?
- 무슨 식당?

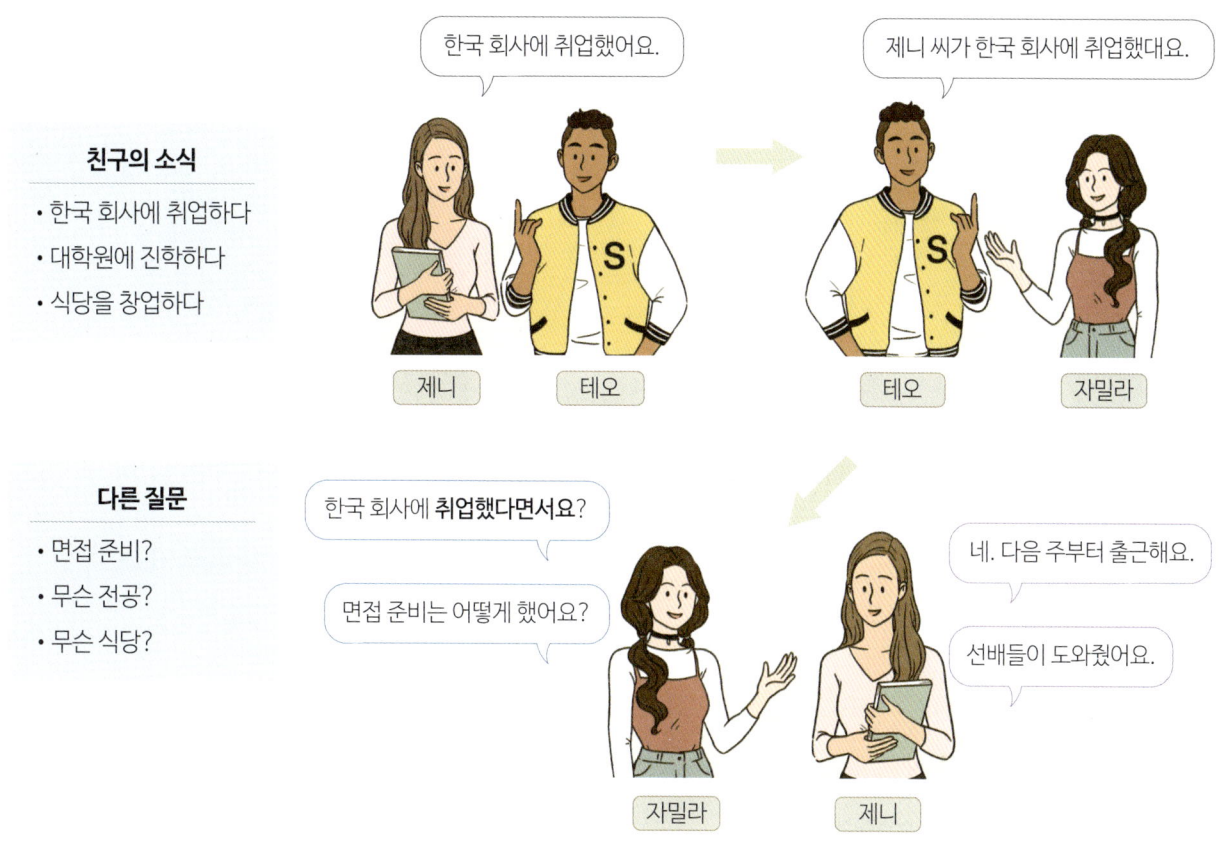

준비 2 친구의 고민을 듣고 앞으로 일어날 거라고 생각한 일을 말해 주세요.

가: 저도 테오 씨처럼 자전거를 잘 타고 싶은데 참 어렵네요.
나: 자전거를 자주 **연습하다 보면** 잘 타게 될 거예요. 열심히 연습해 보세요.

고민	앞으로 일어날 일
• 자전거를 잘 타고 싶다	• 자전거를 자주 연습하다 → 잘 타게 되다
• 한국어 발음이 좋지 않다	• 큰 소리로 책을 읽다 → 발음이 좋아지다
• 진로를 아직 정하지 못하다	• 계속 고민하다 → 하고 싶은 일을 찾게 되다
• 요리할 시간이 없어서 음식을 자주 사 먹다	• 외식을 자주 하다 → 생활비가 모자라게 되다
• 늦잠을 자서 자주 수업에 빠지다	• 자꾸 결석하다 → 수업을 이해하지 못하다

문법과 표현
동 -는다면서(요)?, 형 -다면서(요)?, 명 이라면서(요)? ☞ 4쪽
동 -다(가) 보면 ☞ 5쪽

생활비 living expenses

말하기 1 다음은 진로에 대한 대화입니다. 친구가 하고 싶어 하는 일을 확인하고 필요한 조언을 해 주세요.

1 여자는 뭘 하려고 해요?
2 여자가 걱정하는 것은 뭐예요?
3 남자는 뭐라고 조언했어요?

다니엘: 안나 씨, 대학원에 진학할 거라면서요? 뭘 전공할 거예요?

안　나: 디자인을 공부하려고 해요.

다니엘: 안나 씨는 그림도 잘 그리고 패션에도 관심이 많으니까 잘할 것 같아요.

안　나: 그래도 나중에 취업이 어려울까 봐 걱정이 돼요.

다니엘: 요즘은 무슨 분야나 취업이 쉽지 않지요. 그래도 안나 씨는 디자인에 소질이 있으니까 문제없을 거예요.

안　나: 선배들이 그러는데 디자인과에서는 컴퓨터로 작업을 많이 한대요. 저는 컴퓨터로 간단한 작업밖에 해 본 적이 없어서 걱정이에요.

다니엘: 컴퓨터로 작업하는 게 처음에는 어렵겠지만 하다 보면 잘할 수 있을 거예요.

안　나: 그랬으면 좋겠어요.

분야 area　　디자인과 Design Department　　작업하다 to work

확인하기	고민 말하기	조언하기
• 대학원에 진학하다 • 여행사에 취업하다 • 식당을 창업하다 • 전공을 바꾸다	• 컴퓨터를 못하다 • 적성에 맞을지 모르겠다 • 손님이 없다 • 수업을 이해하기 어렵다	• 여러 번 작업하다 • 일하면서 여기저기 다니다 • 시식 행사를 하고 광고를 하다 • 관련된 책을 찾아서 읽다

대학원에 **진학한다면서요**?

네, 맞아요. 디자인과에서는 컴퓨터로 작업하는데 컴퓨터를 못해서 걱정이에요.

처음에는 어렵겠지만 여러 번 **작업하다 보면** 잘하게 될 거예요.

말하기 2 여러분이 진로를 정할 때 고민한 것은 무엇입니까? 친구와 이야기하고 서로 조언해 보세요.

적성   소질   전망   ?

저는 진로를 아직 못 정했어요. 저는 노래 부르는 걸 좋아해서 관련된 일을 하고 싶은데 가수가 되는 것은 쉽지 않을 것 같아요….

시식 food sampling   관련되다 to be related

준비 여러분은 진로에 대한 고민을 누구와 상담합니까?

☐ 친구   ☐ 선배   ☐ 선생님   ☐ 부모님   ☐ _____

저는 진로에 대한 고민이 있을 때 선배들과 상담을 하는 편이에요. 그 일에 대한 경험을 직접 들을 수 있으니까 진로를 정할 때 도움이 되는 것 같아요.

듣기 1 다음은 진로에 대한 상담입니다. 잘 듣고 질문에 답해 보세요.

1 남자의 고민은 무엇입니까?

2 선생님은 남자에게 어떤 조언을 했습니까?
  ① 고민하지 말고 취업해야 한다.
  ② 전망이 밝은 전공을 선택하는 것이 좋다.
  ③ 자신이 좋아하는 일을 하는 것이 중요하다.

듣기 2 다음은 진로에 대한 대화입니다. 잘 듣고 질문에 답해 보세요.

1 여자의 고민은 무엇입니까?

2 남자는 여자에게 어떤 조언을 했습니까?

그다지 not as much   경험을 쌓다 to gain experience

듣기 3 다음은 반려동물 훈련사의 인터뷰입니다. 잘 듣고 질문에 답해 보세요.

반려동물 훈련사 이민호 씨

이민호 씨와 훈련 중인 반려견

1 이 인터뷰에서 훈련사에게 질문한 것은 무엇입니까? 모두 고르세요.

☐ 반려동물 훈련사가 하는 일은 무엇입니까?
☐ 주로 훈련시키는 반려동물은 어떤 동물입니까?
☐ 반려동물 훈련사에게는 어떤 적성과 소질이 필요합니까?
☐ 이 일을 하고 싶어 하는 사람들에게 해 주고 싶은 말은 무엇입니까?

2 반려동물 훈련사에게 필요한 것은 무엇입니까? 모두 고르세요.

☐ 책임감   ☐ 계산 능력   ☐ 동물과 관련된 전공   ☐ 동물을 사랑하는 마음

3 남자의 생각으로 가장 적절한 것을 고르세요.

① 반려동물 훈련사는 보호자와 상담을 잘해야 한다.
② 반려동물 훈련사는 항상 규칙적으로 생활해야 한다.
③ 반려동물을 훈련시키면서 보람을 느낄 수 있어서 좋다.

친구들과 이야기해 보세요.

질문	이름:	이름:
• 전공은 무엇입니까? 무엇을 전공하고 싶습니까?		
• 그 전공을 살려서 어떤 일을 하고 싶습니까?		
• 그 일을 하기 위해서 무엇이 필요합니까?		

훈련사 trainer   훈련시키다 to train   받아들이다 to accept   자질 quality   휴일 day off   불규칙하다 to be irregular

능력과 자질

1 다음은 능력과 자질에 대한 표현입니다. 이런 능력을 가지고 있는 사람은 어떤 직업이 어울립니까?

- 공감 능력이 뛰어나다
- 리더십이 있다
- 설득력이 있다
- 유머 감각이 있다
- 책임감이 강하다 (내가 맡은 일이니까 힘들어도 끝까지 해야 돼.)

2 다음은 성격을 나타내는 표현입니다. 여러분은 어떤 성격이나 특성이 더 강합니까?

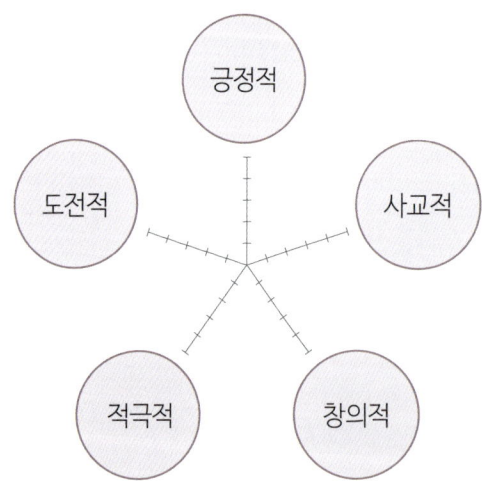

- 긍정적
- 도전적
- 사교적
- 적극적
- 창의적

공감 능력이 뛰어나다 to have extraordinary empathy　　리더십이 있다 to have leadership　　설득력이 있다 to be persuasive
유머 감각이 있다 to have a sense of humor　　책임감이 강하다 to have a strong sense of responsibility
긍정적 positive　　도전적 to be challenging　　사교적 sociable　　적극적 active　　창의적 creative

읽기 1-2

준비 여러분은 어떤 능력과 자질을 가지고 있습니까? 자신이 가진 장점을 소개해 보세요.

 제가 생각하는 제 **장점은** _____ 는다는 것입니다. 또한 저는 _____ 을 뿐만 아니라 다른 사람들과 좋은 관계를 가지기 위해 노력합니다.

- 나의 장점

문법과 표현
명은 동-는다는 것이다, 명은 형-다는 것이다, 명은 명이라는 것이다 ☞ 6쪽
명뿐만 아니라, 동형-을 뿐만 아니라, 명일 뿐만 아니라 ☞ 7쪽

특성 characteristics   장점 strength   또한 also

읽기 1 다음은 회사와 대학의 인재상입니다. 잘 읽고 질문에 답해 보세요.

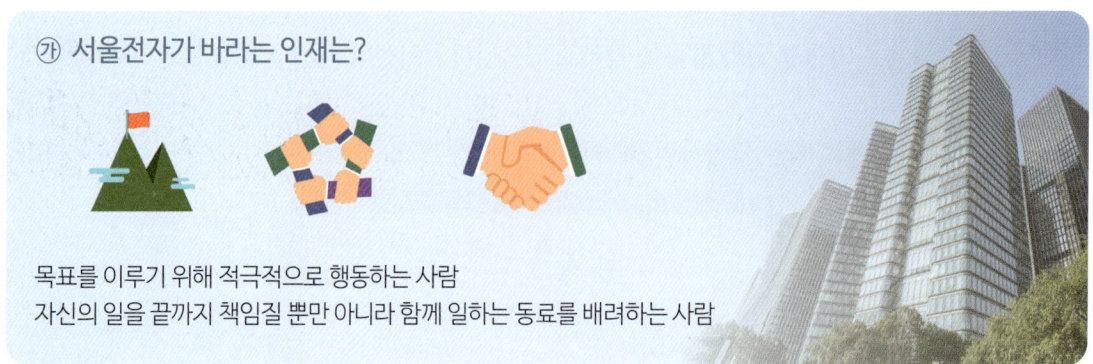

㉮ 서울전자가 바라는 인재는?

목표를 이루기 위해 적극적으로 행동하는 사람
자신의 일을 끝까지 책임질 뿐만 아니라 함께 일하는 동료를 배려하는 사람

㉯ 한국대학교의 인재상

공감형 인재

공감형 인재의 특징은 다른 사람에게 공감하는 능력이 뛰어나고 다른 사람과 함께 잘 어우러진다는 것입니다. 한국뿐만 아니라 세계와 소통하는 인재를 키워 내겠습니다.

도전적 리더

도전적 리더의 장점은 리더십이 강할 뿐만 아니라 실패를 두려워하지 않고 새로운 일에 도전한다는 것입니다. 사회를 이끌 인재를 키워 내겠습니다.

1 서울전자에서 원하는 사람은 어떤 사람입니까?

2 한국대학교에서는 어떤 인재를 키우려고 합니까? 모두 고르세요.
- ☐ 리더십이 있는 사람
- ☐ 실패를 하지 않는 사람
- ☐ 공감 능력이 뛰어난 사람
- ☐ 창의적으로 문제를 해결하는 사람

인재상 type of talent   책임지다 to take responsibility   배려하다 to be considerate   어우러지다 to get along
소통하다 to communicate   이끌다 to lead

읽기 2 다음은 인터넷 게시글과 답변입니다. 잘 읽고 질문에 답해 보세요.

질문 있어요	**장점을 잘 소개하고 싶어요.**
	안녕하세요? 저는 취업을 준비하고 있는 학생입니다. 이번에 서울전자에 지원하려고 하는데 취업 준비 서류에 자신의 장점을 소개하는 부분이 있더라고요. 제가 생각하는 제 장점은 항상 긍정적이고 사교적이라는 것인데요. 어떻게 하면 이런 제 장점을 효과적으로 소개할 수 있을까요?
나티님의 답변	장점을 소개할 때는 먼저 회사에서 어떤 인재를 원하는지 확인하는 것이 좋습니다. 여러 가지 장점을 많이 제시하는 것보다 회사의 인재상에 맞는 장점을 중심으로 기술하는 것이 좋습니다. 학생이 지원하려는 서울전자에서 제시하는 인재상은 크게 세 가지로 정리할 수 있습니다. 먼저 목표를 이루기 위해 적극적으로 노력하고, 책임감을 가지고 일하는 사람입니다. 그리고 동료를 배려하고 좋은 관계를 유지해야 한다는 것입니다. 학생은 긍정적이고 사교적인 성격이라고 하셨지요? 먼저, 항상 긍정적으로 생각하기 때문에 목표를 이루기 위해 포기하지 않고 노력한다는 것을 강조해 보십시오. 그리고 사교적인 성격이라서 다른 사람과 잘 어울릴 뿐만 아니라 다른 사람의 입장에서 생각한다는 것을 설명해 보십시오. 마지막으로 자신이 책임감이 강한 사람인지 객관적으로 평가해 보십시오. 책임감이 강하다고 생각한다면 자신의 장점에 포함시켜 보세요. 이렇게 회사에서 원하는 인재상에 맞게 자신의 장점을 소개한다면 좋은 결과가 있을 겁니다.

1 질문자의 고민은 무엇입니까?

2 질문에 대해 답변자가 제시한 방법은 무엇입니까?

① 여러 가지 장점을 최대한 많이 제시한다.
② 회사나 대학의 인재상에 맞는 장점을 쓴다.
③ 자신의 장점이 아니라고 생각하는 것도 소개한다.

최근 여러분 나라의 회사나 대학에서는 어떤 인재를 원합니까? 여러분이 지원하려는 회사나 대학의 인재상에 대해 이야기해 보세요.

효과적 effective 중심 center 기술하다 to describe 입장 position 객관적 objective
평가하다 to evaluate 포함시키다 to include 원하다 to want 제시하다 to present

Writing 1-2 쓰기

준비 여러분이 결정한 진로와 그 일을 하는 데에 필요한 능력은 무엇입니까?

자신의 능력과 장점에 대해 메모하고 친구에게 이야기해 보세요. 친구의 이야기를 듣고 친구의 장점이 지원하려는 회사/대학의 인재상과 잘 맞는지 이야기해 보세요.

• 나의 능력과 장점?	
• 지원하려는 회사/대학의 인재상?	

쓰기 위에서 이야기한 것을 바탕으로 자신의 장점을 써 보세요.

바탕 basis

💬 **적성과 소질을 중심으로 자신을 소개해 보세요.**

준비 다음은 자신의 적성과 소질, 관심 분야와 계획 등을 소개할 때 필요한 표현입니다.

시작하기
- 저는 _____에서 온 _____이라고 합니다.
- 지금부터 제 적성과 소질에 대해 소개하겠습니다.

관심 분야
- 저는 어렸을 때부터 _____에 소질이 있었습니다.
- 저는 _____에 관심이 많습니다.

장점과 능력
- 제 장점은 _____는다는 것입니다.
- 제가 가진 장점 중 하나는 _____이 뛰어나다는 것입니다.

앞으로의 계획
- 저는 제 장점을 살려서 _____고 싶습니다.
- 저는 아직 진로를 정하지 못했지만 _____과 관련된 일을 하고 싶습니다.

1 여러분의 적성, 장점, 진로에 대해 메모해 보세요.

적성과 소질	
장점과 능력	
진로와 앞으로의 계획	

2 팀을 만들어 한 사람씩 자신의 적성, 장점, 진로에 대해 소개해 보세요.

> 안녕하세요? 저는 중국에서 온 나나라고 합니다. 지금부터 제 적성과 소질에 대해 소개하겠습니다.
>
> 저는 어렸을 때부터 다른 나라의 언어에 관심이 많았고 언어를 배우는 데에도 소질이 있었습니다. 그래서 고등학교 때부터 여러 언어를 공부했고 한국어도 배우게 되었습니다. 대학에서 중국어 교육을 전공했는데 지금은 한국어 선생님이 되기 위해서 대학원에 진학하려고 합니다.
>
> 제 장점은 책임감이 강하고 사람들과 이야기하는 것을 좋아한다는 것입니다. 이런 제 장점은 한국어 선생님과 잘 맞는 것 같습니다. 저는 앞으로 제 적성과 장점을 살려서 좋은 한국어 선생님이 되고 싶습니다.

미래에는 어떤 능력이 중요할까?

과거에는 운전할 수 있다는 것은 직업을 구할 때 도움이 되는 중요한 장점이었습니다. 이력서나 지원서에 운전면허증이 있다는 것을 적었을 뿐만 아니라 전문 면허증을 따서 버스, 택시 기사로 일하기도 했습니다. 현재는 자율 주행 기술이 발달해서 운전기사가 없는 택시도 등장했습니다. 그만큼 운전 능력이 직업을 갖는 데에 꼭 필요하지 않게 된 것입니다. 운전 능력처럼 과거에는 직업을 구할 때 중요했지만 미래에는 더 이상 중요하게 평가되지 않을 능력으로는 어떤 것이 있을까요? 그리고 어떤 능력이 앞으로 직업을 구할 때 중요하게 평가될 것 같습니까?

발음 / Pronunciation

디자인과 [디자인꽈]에서는 컴퓨터로 작업을 많이 한대요.

대학의 전공 분야를 의미하는 '과'는 [꽈]로 발음합니다.

예) 의예과에 진학해서 의사가 되고 싶어요.
　　서울대학교의 공과 대학에는 어떤 전공이 있어요?

자기 평가 / Self-Check

☐ 자신의 진로에 대해 설명할 수 있다.
☐ 자신의 장점을 인재상에 맞게 소개하는 글을 작성할 수 있다.
☐ 진로와 적성을 중심으로 자신을 소개할 수 있다.

2 건강한 삶 Healthy Life

- **2-1** 질병과 증상
- **2-2** 건강한 습관

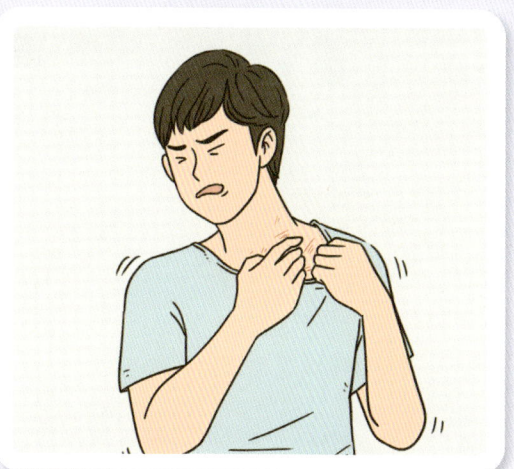

1 몸이 안 좋을 때 어떤 증상이 나타납니까? 그럴 때 어떻게 합니까?
2 건강을 유지하기 위해서 어떤 습관을 가지면 좋습니까?

질병과 증상

1 다음은 증상에 대한 표현입니다. 이런 증상을 느낀 적이 있습니까?

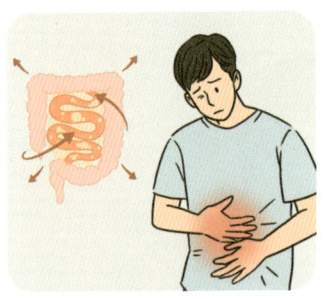
가스가 차다

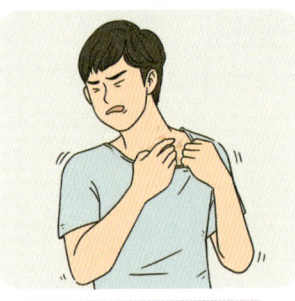
피부가 가렵다

재채기를 하다

두드러기가 나다/
얼굴에 뭐가 나다

눈이 건조하다/
충혈되다

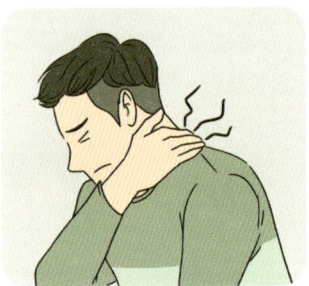
어깨가/
목이 뻣뻣하다

2 다음은 증상과 관련된 관용 표현입니다. 어떤 상황에서 이런 표현을 사용할까요?

눈이 빠지다   머리가 깨지다   배가 터지다

팔이 빠지다   귀가 떨어져 나가다

가스가 차다 to be gassy
재채기를 하다 to sneeze
눈이 건조하다/충혈되다 eyes are dry/bloodshot
눈이 빠지다 eyes are popping out
배가 터지다 stomach is bursting
귀가 떨어져 나가다 ears are falling off

피부가 가렵다 skin is itchy
두드러기가 나다/얼굴에 뭐가 나다 to have a rash/to have a facial breakout
어깨가/목이 뻣뻣하다 to have stiff shoulders/to have a stiff neck
머리가 깨지다 to have a splitting headache
팔이 빠지다 to have a dislocated shoulder

말하기 Speaking 2-1

준비 1 좋아하는 것, 무서워하는 것, 싫어하는 것에 대해 친구와 이야기해 보세요.

> 가: 테오 씨는 무슨 음식을 좋아해요?
> 나: 김밥요. 아침, 점심, 저녁 모두 김밥을 **먹을 정도로** 좋아해요. 나나 씨는요?
> 가: 저는 커피를 좋아해서 물 대신 **마실 정도예요**.

좋아하는 것	무서워하는 것	싫어하는 것
• 음식/음료 (김밥,　　)	• 상황 (높은 곳,　　)	• 행동 (거짓말,　　)
• 취미/활동 (게임,　　)	• 동물/곤충 (뱀,　　)	• 음식/음료 (냉면,　　)

준비 2 다음 상황에서 여러분의 몸에 어떤 반응이 나타납니까? 친구와 이야기해 보세요.

> 가: 저는 발표할 때마다 너무 긴장해요. 많은 사람들 앞에 **서기만 하면** 식은땀이 나요.
> 나: 그럴 때는 숨을 크게 쉬어 보세요. 긴장이 풀릴 거예요.

상황	반응
• 발표하려고 많은 사람들 앞에 섰을 때	• 어지럽다
• 꽉 끼는 옷을 입었을 때	• 소화가 안 되다
• 무서운 놀이기구를 탔을 때	• 피부가 가렵다
• 화장품을 발랐을 때	• (식은)땀이 나다
	• 어깨가/목이 뻣뻣해지다
	• 재채기를 하다

문법과 표현
동형 -을 정도로, 동형 -을 정도이다　☞ 8쪽
명 만 되면, 동 -기만 하면　☞ 9쪽

곤충 insect　　놀이기구 amusement park ride　　식은땀이 나다 to break out in a cold sweat

말하기 1 다음은 증상에 대한 대화입니다. 다음 상황에서 생긴 몸의 반응과 해결 방법에 대해 이야기해 보세요.

1 남자에게는 무슨 문제가 있습니까?
2 여자는 남자에게 어떤 조언을 했습니까?

소날: 자꾸 재채기하네. 감기 걸렸어?

닛쿤: 아니야. 난 계절이 바뀌기만 하면 비염이 심해지거든.

소날: 그렇구나. 병원에 가 봐야 하는 거 아니야? 약을 먹어야 하나?

닛쿤: 병원에서도 특별한 치료 방법이 없대. 보통 약을 먹으면 괜찮아지는데 심할 때는 약을 먹어도 머리가 깨질 정도로 아프고 콧물도 많이 나.

소날: 그럼 마스크를 써 보는 게 어때? 찬 공기가 바로 코로 들어가지 않으면 좀 낫대.

닛쿤: 안 그래도 마스크를 써 봤는데 별로 효과가 없더라고.

소날: 알레르기 비염은 먼지가 많으면 더 심해진대. 그러니까 집 안 청소랑 환기를 자주 하는 것도 도움이 될 거야.

닛쿤: 그래? 그럼 청소도 좀 더 꼼꼼히 하고 환기도 자주 해야겠다.

환기 ventilation   꼼꼼히 thoroughly

친구의 행동
- 자꾸 재채기를 하다
- 눈을 계속 깜빡거리다
- 얼굴을 자주 만지다
- 목 뒤를 계속 두드리다

반복되는 상황과 증상
- 계절이 바뀌다 / 비염이 심해지다
- 렌즈를 끼다 / 눈이 건조하다
- 햇빛을 쬐다 / 얼굴이 빨개지다
- 운전을 하다 / 목이 뻣뻣해지다

조언
- 청소와 환기를 자주 하다
- 안경을 쓰다
- 선크림을 바르다
- 스트레칭을 하다

심한 정도
- 머리가 깨지다
- 앞이 잘 안 보이다
- 밖에 나가기 힘들다
- 목이 안 돌아가다

> 요즘 자꾸 재채기를 하네요. 괜찮아요?

> 계절이 **바뀌기만 하면** 비염이 심해져서요.

> 얼마나 심해요?

> 머리가 **깨질 정도로** 아프고 콧물도 많이 나요.

> 청소와 환기를 자주하면 도움이 될 거예요.

말하기 2 여러분은 항상 같은 증상이 나타나는 상황이 있습니까? 친구에게 소개해 보세요.

> 저는 망고를 먹기만 하면 입술이 부어요. 말을 할 수 없을 정도로 입술이 부을 때도 있어요. 그래서 망고도 못 먹고 망고가 들어간 음료수도 잘 안 마셔요.

- 알레르기가 생기는 음식
- 문제가 생기는 상황(날씨…)
- 특정한 시간과 장소에서 반복적으로 생기는 일
- ?

깜빡거리다 to blink   쬐다 to bask   두드리다 to tap   스트레칭 stretching   특정하다 to be specific   반복적 repetitive

| 준비 | 이 사람들은 어떤 증상이 있을 것 같습니까? |

안구건조증 변비 비염

가스가 차다   재채기를 하다   눈이 건조하다   속이 거북하다

| 듣기 1 | 아플 때 나타나는 증상에 대해 이야기하고 있습니다. 잘 듣고 질문에 답해 보세요. |

1 남자의 증상은 무엇입니까?

2 여자는 남자에게 어떤 말을 했습니까?

① 약을 꾸준히 먹어야 한다.
② 어떤 음식 때문에 배에 가스가 차는지 알아봐야 한다.
③ 소화가 잘되도록 따뜻한 커피나 차를 많이 마셔야 한다.

속이 거북하다 stomach is bloated   한 approximate   아랫배 lower stomach   살펴보다 to examine

듣기 2 다음은 라디오 프로그램 예고입니다. 잘 듣고 질문에 답해 보세요.

1 다음 주에는 무엇에 대해 알아볼 예정입니까? 모두 고르세요.

   ☐ 안구건조증의 원인   ☐ 안구건조증의 치료 약
   ☐ 안구건조증의 치료 방법   ☐ 안구건조증을 예방하는 방법

2 어떤 증상을 가진 사람이 이 프로그램을 들으면 좋을까요?

듣기 3 다음은 건강에 대한 대담입니다. 잘 듣고 질문에 답해 보세요.

1 안구건조증의 증상은 무엇입니까? 모두 고르세요.

   ☐ 눈이 건조하다.   ☐ 눈이 붓는다.   ☐ 눈을 뜨기 힘들 정도로 아프다.
   ☐ 머리가 아프다.   ☐ 눈물이 난다.   ☐ 눈에 모래가 들어간 느낌이 든다.

2 안구건조증의 원인은 무엇입니까? 모두 고르세요.

   ☐ 노화   ☐ 염증   ☐ 휴대폰 사용   ☐ 지나친 운동   ☐ 콘택트렌즈 착용

3 안구건조증을 치료하는 방법은 무엇입니까?

4 안구건조증을 예방하는 방법은 무엇입니까?

   ① 얼음찜질을 한다.
   ② 눈을 자주 깜박이지 않는다.
   ③ 자기 전에 스마트폰을 보지 않는다.

친구들과 이야기해 보세요.

• 여러분도 속이 거북하거나 눈이 건조해서 고생한 적이 있습니까?
• 이 증상을 없애기 위해서 어떻게 해야 합니까?
• 여러분은 건강을 지키기 위해 무엇을 합니까?

원인 cause   대담 talk   일상생활 everyday life   눈을 뜨다 to open one's eyes   노화 aging   염증 inflammation
예방하다 to prevent   얼음찜질 ice massage   눈물이 흐르다 tears are falling 마르다 to dry   인공 artificial
주위 surrounding   없애다 to get rid of

2-1. 질병과 증상

건강한 습관

1 여러분은 어떤 식습관과 생활 습관을 가지고 있습니까? 해당되는 곳에 ☑ 해 보세요.

- ☐ 외식하다
- ☐ 과식하다
- ☐ 야식을 먹다
- ☐ 짜게/달게 먹다
- ☐ 기름진 음식을 먹다
- ☐ 식사 시간이 불규칙하다

2 어떤 식습관이나 생활 습관 때문에 이런 질병이 생길까요?

혈압이 높아지다

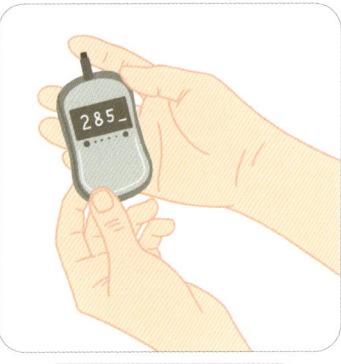
당뇨병에 걸리다

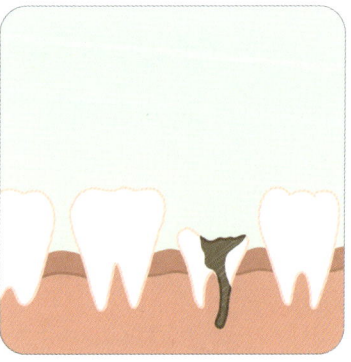
충치가 생기다

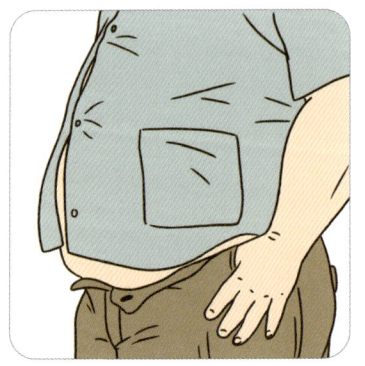
비만이 되다

위염에 걸리다

외식하다 to eat out
야식을 먹다 to have a late-night snack
기름진 음식을 먹다 to eat greasy food
혈압이 높아지다 one's blood pressure rises
충치가 생기다 to have a cavity
위염에 걸리다 to develop gastritis

과식하다 to overeat
짜게/달게 먹다 to eat salty/sweet
식사 시간이 불규칙하다 meal times are irregular
당뇨병에 걸리다 to develop diabetes
비만이 되다 to become obese

준비 다음은 한국 사람의 식습관을 설명한 기사입니다. 그림을 보고 한국인의 식습관에 대해 발표해 보세요.

한국 사람 한 명이 1년에 먹는 라면은 80개라고 합니다. 한국 사람은 _____ 는 셈입니다. 라면을 먹을 때는 보통 김치와 함께 먹는데, 라면과 김치는 나트륨이 많이 들어 있기 때문에 라면을 자주 먹다 보면 _____ 을 수밖에 없습니다. 제 생각에는 _____ 는 게 좋을 것 같습니다.

문법과 표현
- 동-는 셈이다, 형-은 셈이다, 명인 셈이다 ☞ 10쪽
- 동형-을 수밖에 없다, 명일 수밖에 없다 ☞ 11쪽

나트륨 sodium

읽기 1 다음은 식습관에 대한 체크 리스트입니다. 잘 읽고 질문에 답해 보세요.

식습관 평가

1. 과식을 한다.	☐ 전혀 그렇지 않다(5점)	☐ 가끔(3점)	☐ 자주(1점)
2. 고기나 생선, 계란을 매일 먹는다.	☐ 그렇다(5점)	☐ 가끔(3점)	☐ 아니다(1점)
3. 식사할 때마다 채소를 먹는다.	☐ 그렇다(5점)	☐ 가끔(3점)	☐ 아니다(1점)
4. 과일을 매일 먹는다.	☐ 그렇다(5점)	☐ 가끔(3점)	☐ 아니다(1점)
5. 튀김이나 볶음 같은 기름진 음식을 먹는다.	☐ 전혀 그렇지 않다(5점)	☐ 가끔(3점)	☐ 자주(1점)
6. 아이스크림, 케이크 같은 단 음식을 먹는다.	☐ 전혀 그렇지 않다(5점)	☐ 가끔(3점)	☐ 자주(1점)
7. 김치, 젓갈, 라면 같은 짠 음식을 먹는다.	☐ 전혀 그렇지 않다(5점)	☐ 가끔(3점)	☐ 자주(1점)
8. 매일 정해진 시간에 식사를 한다.	☐ 그렇다(5점)	☐ 가끔(3점)	☐ 아니다(1점)
9. 외식을 한다. (배달 음식 포함)	☐ 전혀 그렇지 않다(5점)	☐ 가끔(3점)	☐ 자주(1점)
10. 저녁 식사 후 야식을 먹는다.	☐ 전혀 그렇지 않다(5점)	☐ 가끔(3점)	☐ 자주(1점)

36점 이상: 식습관이 좋습니다.   26~35점: 보통입니다.   25점 이하: 식습관에 문제가 있습니다.

1 이 글에서 조사하는 내용은 무엇입니까? 모두 고르세요.

☐ 먹는 양   ☐ 외식을 하는지   ☐ 먹는 음식의 종류   ☐ 규칙적으로 식사하는지

2 여러분에게 해당되는 것에 ☑ 하고 점수를 계산해 보세요. 여러분의 점수는 몇 점입니까?

튀김 fried food   볶음 stir-fry   젓갈 salted seafood   해당되다 to be applicable

읽기 2 다음은 식생활에 대한 칼럼입니다. 잘 읽고 질문에 답해 보세요.

건강을 위해서 어떻게 먹어야 할까?

㉮ **제때에 먹기**

현대인은 바쁘다는 이유로 식사 시간을 지키지 않는 경우가 많다. 식사 시간이 불규칙하면 위염에 걸릴 수 있다. 아침, 점심, 저녁을 정해진 시간에 먹으려고 노력하고, 휴일에도 식사 시간을 지키는 것이 좋다. 또한 야식을 먹으면 소화를 시키느라 뇌와 위가 쉬지 못해 푹 잘 수 없을 뿐만 아니라 아침에 식욕이 줄어들 수 있으니 피해야 한다.

㉯ **골고루, 알맞게 먹기**

고기, 생선, 계란 같은 육류와 채소, 과일을 매끼 먹는 것이 좋다. 라면 같은 인스턴트 식품이나 한 가지 종류의 음식만 먹지 말고 다양한 재료로 요리한 음식을 먹는다. 특히 단 음식을 자주 먹으면 충치가 생길 뿐만 아니라 당뇨병에 걸릴 수도 있다. 후식으로 케이크 한 조각을 먹으면 밥 한 공기를 더 먹는 셈이니 가능하면 먹지 않는 것이 좋다.

또 외식을 하면 과식을 할 수밖에 없다. 식당에서 제공하는 음식은 평소에 먹는 것보다 양이 많고 사람들은 나온 음식을 다 먹어야 된다고 생각하기 때문이다. 과식을 자주 하면 비만이 될 수 있고 비만은 다른 병의 원인이 되니 적당히 먹도록 노력하자.

㉰ **싱겁게 먹기**

라면 한 그릇에는 약 1800mg의 나트륨이 들어 있다. 세계보건기구(WHO)에서는 하루에 나트륨을 2000mg 정도 섭취할 것을 권한다. 만약 점심으로 라면 한 그릇과 김치를 먹었다면 한 끼에 하루치 나트륨을 다 먹은 셈이다. 짜게 먹으면 물을 많이 마시게 돼서 몸이 붓고 혈압이 높아질 수 있다. 가능하면 짠 음식과 국물은 먹지 말아야 한다. 그리고 어쩔 수 없이 이런 음식을 먹었다면 오이나 바나나 같은 채소나 과일을 먹는 것이 좋다. 나트륨을 몸 밖으로 내보내는 데 도움을 주기 때문이다.

1 이 글에 나오는 내용을 모두 고르세요.

☐ 외식을 줄여야 하는 이유 ☐ 야식으로 먹으면 안 되는 음식
☐ 건강 유지에 도움이 되는 요리 방법 ☐ 나트륨을 몸 밖으로 내보내는 음식

2 식습관과 관계있는 것을 연결해 보세요.

야식을 먹는다   단 음식을 먹는다   라면을 자주 먹는다

혈압이 높아진다   아침에 식욕이 줄어든다   몸이 붓는다   푹 잘 수 없다   충치가 생긴다

3 ㉰의 '이런 음식'이 가리키는 것은 무엇입니까?

💬 이 글을 읽고 여러분이 새롭게 알게 된 것은 무엇입니까? 친구와 이야기해 보세요.

칼럼 column   제때 regular times   현대인 modern people   뇌 brain   식욕 appetite   육류 meat
매끼 every meal   적당히 moderately   섭취하다 to intake   끼 counting unit for meals   하루치 one day's proportion
어쩔 수 없다 to be unavoidable   오이 cucumber   유지 maintenance   연결하다 to connect

Writing 2-2 쓰기

준비 여러분의 평소 식습관은 어떻습니까?

☐ 짜게 먹는다   ☐ 달게 먹는다   ☐ 싱겁게 먹는다   ☐ 기름진 음식을 먹는다

💬 다음은 한국 사람들이 자주 먹는 음식의 열량과 음식에 포함되어 있는 당류와 나트륨의 양입니다. 여러분이 자주 먹는 음식에 대해 이야기해 보세요.

- 자주 먹는 음식은 무엇입니까?
- 한 번 먹을 때 얼마나 먹습니까?
- 그 음식의 열량, 당류, 나트륨은 얼마나 됩니까?

1일 권장량
열량: 2000kcal
당류: 100g
나트륨: 2000mg

피자(한 조각)
열량: 548kcal
당류: 10g
나트륨: 883mg

라면(한 그릇)
열량: 450kcal
당류: 0g
나트륨: 1600~1800mg

팥빙수(한 그릇)
열량: 400kcal
당류: 38g
나트륨: 125mg

짜장면(한 그릇)
열량: 529kcal
당류: 37g
나트륨: 1844mg

* 출처: 식품영양성분 자료집(2020, 식품의약품안전처)

> 저는 라면을 자주 먹어요. 하루에 두 번 먹을 때도 있어요. 라면 한 그릇과 김치를 먹으면 하루에 먹을 나트륨을 한 번에 먹는 셈이에요. 앞으로 라면을 자주 먹지 말아야겠어요.

쓰기 건강을 위해 여러분이 지켜야 할 식습관 체크 리스트를 써 보세요.

예) ☐ 라면을 자주 먹지 말 것
☐
☐
☐

열량 calories   당류 sugars   권장량 recommended amount   팥빙수 red bean shaved ice   짜장면 black bean sauce noodles

🗨 건강 포스터 만들기 대회에 참가하기 위한 건강 포스터를 만들어 보세요.

준비 다음은 식습관과 관련된 표현입니다.

식습관	생길 수 있는 문제
• 짜게/달게 먹다 • 기름진 음식을 먹다 • 야식을 먹다 • 외식을 자주 하다 • 커피 등 카페인 음료를 자주 마시다	• 배에 가스가 차다 • 비만이 되다 • 혈압이 높아지다 • 당뇨병에 걸리다 • 위염에 걸리다

포스터 poster

과제

1 3~4명이 한 팀을 만들고 문제가 되는 식습관에 대해 이야기해 보세요.

문제가 되는 식습관	라면을 자주 먹는다.	
문제에 대한 경고	라면 한 개에는 하루치 나트륨이 들어 있고, 짜게 먹으면 몸이 붓고 혈압이 높아질 것이다.	
한 문장으로 정리하기	라면을 자주 먹으면 나트륨 섭취가 늘어나서 건강에 문제가 생길 수밖에 없다.	

2 이야기한 내용을 바탕으로 건강 포스터를 만들어 보세요.

경고 warning

소화하기 어렵다? 몸살을 앓다?

보통 사람들이 전문적인 분야의 책을 보면 내용을 쉽게 이해할 수 있을까요? 아마 그 분야를 잘 모르는 사람들은 이해하기가 어려울 것입니다. 이럴 때 '내용을 소화하기 어렵다'라는 표현을 쓰기도 합니다. 소화가 잘 안되는 음식을 먹었을 때와 같이 어려운 내용의 글을 읽거나 혼자 하기 힘든 일을 하게 되었을 때 소화하기 어렵다고 할 수 있습니다.

'몸살'은 몸이 아주 피곤해서 뼈와 근육이 아픈 것입니다. 그런데 사람에게 쓰지 않고 '북촌 한옥 마을이 관광객들로 몸살을 앓고 있다'처럼 어떤 장소에 사람들이 많이 몰려서 문제가 생겼을 때에도 사용합니다. 여러분 나라의 말에도 증상을 나타내는 표현이 다른 상황에서 쓰이는 예가 있습니까?

발음 Pronunciation

약을 먹어도 머리가 **깨질 정도** [깨질 쩡도]로 아프고 콧물도 많이 나.

'-을 정도'처럼 '-을' 뒤에 오는 '정도'는 [쩡도]로 발음합니다.

> 예 너무 많이 먹어서 배가 **터질** 정도예요.
> 말을 할 수 **없을** 정도로 목이 따끔거리고 아파요.

자기 평가 Self-Check

- ☐ 자신의 증상에 대해 설명할 수 있다.
- ☐ 건강을 위해 지켜야 할 것에 대한 목록을 작성할 수 있다.
- ☐ 건강한 습관을 홍보하기 위한 건강 포스터를 만들 수 있다.

3

선택과 변화 Choices & Changes

3-1 만족과 후회

3-2 사회 변화

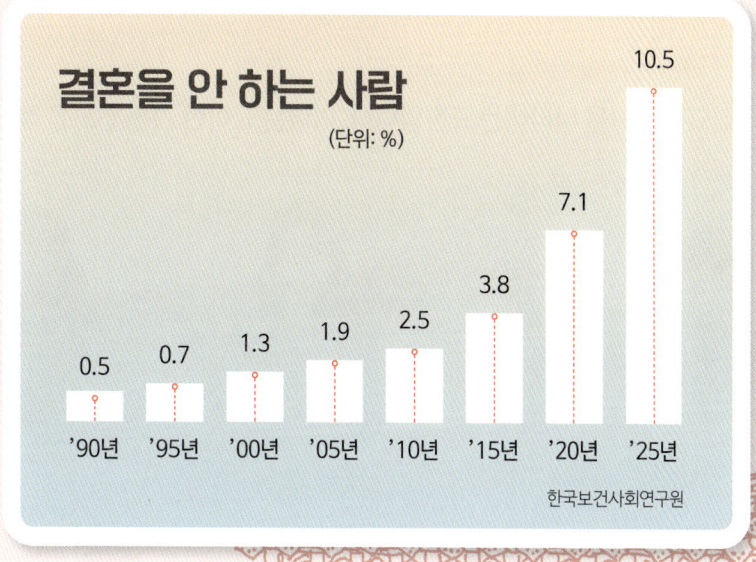

1 여러분은 살면서 중요한 선택을 한 적이 있습니까?
그 선택에 대해 어떻게 생각합니까?
2 최근 10년 동안 사람들의 생각이 가장 많이 바뀐 것은 무엇입니까?
(결혼, 대학 진학…)

어휘 Vocabulary 3-1 만족과 후회

1 다음은 만족을 나타내는 표현입니다. 상황에 맞는 표현을 골라 보세요.

> 만족스럽다   자랑스럽다   즐기다   보람을 느끼다/보람이 있다   자신감이 생기다

1) 새로 이사한 집은 시설도 편리하고, 지하철역도 가까워서 마음에 들어요.

2) 처음에는 실수를 많이 했는데 이제는 일도 익숙해지고 앞으로 잘할 수 있을 것 같아요.

3) 동생이 오디션 프로그램에서 1등을 했어요. 너무 좋아서 다른 사람들한테도 알려 주고 싶어요.

4) 저는 회사에 다니면서 한국어를 배우고 있어요. 한국 드라마도 보고 한국 음식도 만들고, 아주 신나요.

5) 의사가 된 후에 힘든 일이 많았지만 환자들의 병이 나아서 퇴원하는 걸 보면 의사가 되길 잘한 것 같고 뿌듯해요.

2 다음은 후회되는 상황을 나타내는 표현입니다. 여러분도 이런 기분을 느낀 적이 있습니까?

괴롭다 · 실망스럽다 · 아쉽다 · 후회스럽다 · 엉망이다/엉망이 되다

만족스럽다 to be satisfied   자랑스럽다 to be proud   즐기다 to enjoy
보람을 느끼다/보람이 있다 to feel rewarded/to be rewarded   자신감이 생기다 to gain confidence
괴롭다 to be distressed   실망스럽다 to be disappointing   아쉽다 to be a pity
후회스럽다 to be regretful   엉망이다/엉망이 되다 to ruin/to be ruined

말하기 (Speaking) 3-1

준비 1 처음 생각과 달라진 것에 대해 친구와 이야기해 보세요.

선택 상황
- 진로(취업, 진학)
- 음식(국수, 죽)
- 신발(구두, 운동화)
- 취미(기타, 드럼)
- 교통(버스, 택시)

가: 다니엘 씨, 진로를 정했어요?
나: 네. **취업하려다가** 공부를 더 하고 싶어서 대학원에 진학하기로 했어요.

준비 2 어떤 선택을 한 후에 만족하거나 후회한 경험에 대해 이야기해 보세요.

전공 공부하는 거 어때요?

처음에는 좀 어려웠는데 계속 **공부하다 보니까** 제 적성에 잘 맞아서 만족스러워요.

처음에는 재미있었는데 계속 **공부하다 보니까** 너무 어려워서 후회스러워요.

상황
- 전공 공부를 하다
- 고양이를 키우다
- 유학을 와서 혼자 살다
- 봉사활동으로 어려운 사람들을 돕다

만족/후회
- 괴롭다
- 만족스럽다
- 후회스럽다
- 엉망이 되다
- 보람을 느끼다
- 자신감이 생기다

문법과 표현
- 동-으려다(가) ☞ 12쪽
- 동-다(가) 보니(까) ☞ 13쪽

봉사활동 volunteer work

말하기 1 다음은 선택과 그 결과에 대한 대화입니다. 선택을 바꾸고 만족하거나 후회한 경험에 대해 이야기해 보세요.

1 남자는 졸업 후에 뭘 하려고 했습니까?
2 남자는 지금 자신의 선택에 대해 어떻게 생각합니까?

마리: 테오 씨, 오랜만이에요. 잘 지냈어요? 회사 잘 다니지요?

테오: 네, 잘 다니고 있어요. 곧 1년이 돼요.

마리: 벌써 그렇게 됐어요? 회사 생활은 좀 어때요?

테오: 처음 몇 달은 정말 정신없었어요. 일이 익숙하지 않아서 힘들기도 했고요. 그런데 계속 일하다 보니까 적응도 되고 일에 자신감도 생겼어요.

마리: 아, 그래요? 처음에는 그 회사에 들어갈까 말까 고민했잖아요.

테오: 맞아요. 졸업 후에 바로 창업하려다가 창업할 돈을 좀 모으려고 취직했는데 잘한 것 같아요.

마리: 다행이네요. 회사에서 경험을 쌓다 보면 나중에 창업하는 데에도 도움이 될 거예요.

테오: 그렇겠죠? 창업은 나중에도 할 수 있으니까요.

다행이다 to be a relief

확인	선택
• 취업?	• 창업 ✕, 취업 ○
• 이사?	• 이사 포기, 이사 ○
• 봉사동아리?	• 운동동아리 ✕, 봉사동아리 ○
• 전망이 밝은 전공?	• 적성에 맞는 전공 ✕, 전망이 밝은 전공 ○

조언	만족/후회
• 취업 경험이 창업에 도움이 되다	• 자신감이 생기다
• 적응이 되면 나아지다	• 실망스럽다
• 좋은 경험이 되다	• 보람을 느끼다
• 참고 노력하면 좋아지다	• 후회스럽다

취업했다면서요?

네. **창업하려다가** 돈을 좀 모으려고 취업했어요.

회사 생활은 좀 어때요?

처음에는 힘들었는데 계속 **일하다 보니까** 자신감이 생겼어요.

다행이네요. 취업 경험이 창업에 도움이 될 거예요.

말하기 2 여러분도 선택을 바꾸고 만족하거나 후회한 적이 있습니까? 만족하거나 후회한 이유는 무엇입니까?

진로   여행   물건 구입   취미

저는 부모님이 원하셔서 의대에 진학했어요. 전공 공부를 하다 보니까 제 적성에 안 맞아서 후회스럽고 공부하는 게 너무 괴로웠어요. 그래서….

나아지다 to become better

준비 여러분은 다음 표현을 들어 본 적이 있습니까? 언제 이 표현들을 사용할까요?

어느 날…
그러다가…
얼마 후에…
결국…

어느 날 저는 게시판에서 아르바이트생을 구한다는 광고를 봤어요. 할까 말까 고민하다가 아르바이트를 하게 되었어요. 처음 하는 일이라 잘 몰랐는데 먼저 일을 시작한 친구가 저를 많이 도와줬어요. **그러다가** 그 친구와 친해지게 되었어요. **얼마 후에** 그 친구와 저는 사귀게 되었어요. **결국** 우리는….

듣기 1 다음은 신인 가수의 인터뷰입니다. 잘 듣고 질문에 답해 보세요.

1 들은 내용과 같은 것을 모두 고르세요.

☐ 여자는 케이팝 오디션을 보고 가수가 됐다.
☐ 여자는 가수가 된 것을 후회한다.
☐ 여자가 살던 곳에서는 오디션이 자주 열렸다.
☐ 여자의 가족들은 여자에게 오디션을 보라고 권했다.

2 이 여자는 가수가 되고 싶어 하는 사람들에게 무슨 말을 했습니까?

듣기 2 다음은 라디오 광고입니다. 무엇에 대한 광고인지 고르세요.

①  ②  ③

| 그러다가 and then | 얼마 후에 before long | 결국 eventually | 신인 rookie | 출신 from (origin) | 욕을 먹다 to be insulted |
| 망설이다 to hesitate | 평생 lifetime | 글씨 handwriting | 신경이 쓰이다 to be on one's mind | | 교본 textbook |

듣기 3 다음은 라디오 사연입니다. 잘 듣고 질문에 답해 보세요.

1 사건의 흐름에 맞게 그림에 번호를 쓰세요.

2 다음 상황에서 여자가 느낀 감정을 연결해 보세요.

1) 처음 만났을 때 •   • 후회스럽다.

2) 과제를 같이 할 때 •   • 기분이 안 좋았다.

3) 고백한 후 •   • 호감이 생겼다.

💬 **여러분이 경험한 일을 시간 순서대로 친구들과 이야기해 보세요.**

- 남자 친구/여자 친구를 사귀게 되기까지의 과정
- 운전을 배우고 면허증을 따기까지의 과정
- 한국어를 공부하기로 결정하기까지의 과정

사건 event   흐름 flow   감정 feeling   호감 good feeling   첫인상 first impression   활동적 active
마음을 접다 to stop liking someone/something   군대에 가다 to join the military   마주치다 to run into   안타깝다 to be pitiful
신청곡 song request   과정 process

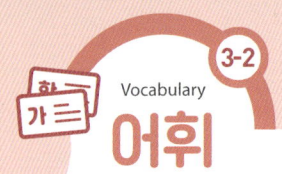

사회 변화

1 다음은 가치관과 관련된 어휘입니다. 그림을 보고 어떤 상황인지 이야기해 보세요.

2 '비-'는 '아니다'라는 뜻을 나타냅니다. 상황에 맞는 표현을 골라 보세요.

비정상(적)　　비공개(적)　　비현실적　　비전문적　　비대면

1) 가수 A씨와 배우 B씨의 결혼식에 가족들만 참석할 수 있었대요. 기자들도 갈 수 없었고요.

2) 컴퓨터 상태가 평소랑 달라. 왜 갑자기 꺼지지?

3) 요리 학원에 가지 않아도 인터넷과 컴퓨터를 이용해서 요리를 배울 수 있어요.

4) 의학을 공부한 적이 없는 사람이 병을 치료해 준다고요? 그래도 돼요?

5) 드라마의 주인공이 과거로 가서 고등학생 때의 자기랑 만난다고요? 말도 안 돼요.

생각이 반영되다 thoughts are reflected　　사고방식이 변화하다 mindset is changed　　바탕이 되다 to be based on
영향을 주다/끼치다 to affect/to have an effect on　　영향을 받다 to be affected　　비정상(적) abnormal
비공개(적) private　　비현실적 unrealistic　　비전문적 unprofessional　　비대면 non face-to-face

읽기 3-2

준비 다음은 발표 내용을 요약한 것입니다. 요약문을 정리해서 발표해 보세요.

미혼
- 뜻: 아직 결혼하지 **않음**.
- 결혼을 꼭 해야 한다는 생각이 반영되어 **있음**.

결혼에 대한 생각 변화
- 결혼에 대한 조사 결과: 결혼하지 않아도 된다는 응답이 **증가함**.
- 결혼도 개인이 선택하는 일이라는 생각이 영향을 **끼침**.

결혼을 해야 하는가?
- 2013년: 25.6% 아니다
- 2023년: 34.2% 아니다

미혼이라는 말은 아직 결혼하지 않았다는 뜻입니다. 이 말에는 결혼을 꼭 해야 한다는 _____. 결혼에 대한 조사 결과, 결혼하지 않아도 된다고 응답한 사람이 _____. 이제 결혼도 개인이 선택하는 일이라는 _____기 때문인 것으로 보입니다.

문법과 표현
- 동/형 -음, 명 임 ☞ 14쪽
- 동 -는가?, 형 -은가?, 명 인가? ☞ 15쪽

요약하다 to summarize   응답하다 to respond

Reading 3-2 읽기

읽기 1 다음은 사고방식의 변화를 기술한 칼럼입니다. 잘 읽고 질문에 답해 보세요.

개인 정보를 작성하는 서류에서 흔히 볼 수 있는 단어가 있다. 바로 '미혼'이다. 말 그대로 결혼을 아직 안 했다는 뜻이다. 이 말에는 결혼은 꼭 해야 하는 것이고, 아직 못 했다면 언젠가는 해야 한다는 생각이 반영되어 있다. 결혼을 하지 않는 사람은 비정상이고, 이런 사람은 어딘가 문제가 있다는 생각이 바탕이 된 것이다.

이제는 '미혼' 대신 결혼하지 않았다는 의미의 '비혼'이라는 말로 바꿔 쓰는 사람이 늘고 있다. 결혼도 집을 사거나 대학에 가는 것처럼 개인이 선택하는 일이라고 생각하는 사람들이 많아졌고 이러한 사고방식의 변화가 언어에도 영향을 끼친 것이다. 실제로 한 조사 결과를 보면 결혼하지 않아도 된다고 생각하는 사람이 전보다 크게 증가한 것을 알 수 있다.

결혼하고, 아이를 낳는 것이 정상적인 삶이라는 것은 누가 정한 것인가? 시대가 바뀌면 사고방식이 변화하고 그 변화 때문에 말의 뜻이 바뀌거나 새로운 단어가 생겨날 수밖에 없다. 이것이 바로 요즘 비혼이라는 말이 선호되는 이유이다.

1 사람들의 생각 변화를 보여 주는 단어는 무엇입니까?

2 글쓴이는 사용하던 단어가 바뀌는 것에 대해 어떻게 생각합니까?

흔히 commonly   어딘가 somewhere   실제로 in reality   증가하다 to increase   정상적 normal   삶 life
선호되다 to be preferred

읽기 2 다음은 학교 교육의 필요성에 대한 칼럼입니다. 글을 읽고 질문에 답해 보세요.

학교에 다녀야 하는가?

㉮ 각종 매체와 비대면 수업을 이용해 집에서도 손쉽게 지식을 얻을 수 있는 시대가 되었다. 학원이나 과외 수업으로 필요한 공부를 하면 되기 때문에 학교에 다닐 필요가 없다고 말하는 사람도 있다. 이런 주장은 학교가 지식을 쌓는 곳이라는 생각이 바탕이 된 것이다. 이들의 주장처럼 학교는 단순히 지식을 쌓는 곳인가?

㉯ 학교는 다양한 사람들과 의사소통하는 방법을 배우는 곳이다. 학교에서는 자신의 생각을 다른 사람에게 이해시키는 방법과 다른 사람의 생각을 이해하는 법을 배울 수 있다. 여러 사람들과 부딪히고, 서로 영향을 받고 영향을 끼치면서 다른 사람들과 함께 살아가는 방법을 배운다.

㉰ 다른 사람과 소통하는 법은 사회에 나가기 위해 꼭 배워야 하는 것이다. 학교는 작은 사회이고, 더 큰 사회에 나가기 전에 사회생활을 연습하는 곳이다. 이 연습장에서 아이들은 전문적으로 훈련받은 교사의 지도를 받으며 관계 맺는 방법을 배운다. 부모의 교육 수준이 아무리 높아도 관계 형성 교육에서는 교사보다 비전문적일 수밖에 없다. 또한 집이나 학원에서는 관계 맺기 연습을 하는 데 한계가 있다. 부모가 하루 종일 따라다니면서 아이에게 필요한 관계를 만들어 주는 것은 현실적으로 불가능하기 때문이다. 관계 맺기는 자신이 경험을 통해 직접 배워야만 하는 것이고, 이를 배우는 데 학교만큼 좋은 곳은 없다.

㉱ 학교는 단순히 지식을 쌓는 곳이 아니다. 학교에서는 다른 사람과 소통하는 방법을 배우고, 사회생활을 연습한다. 따라서 학원이나 비대면 수업 등 지식을 얻는 방법이 아무리 다양해져도 학교에 다니는 것은 당연한 것이다.

1 글쓴이가 주장하는 것은 무엇입니까?

① 학교에서 다른 사람과 소통하는 방법을 배워야 한다.
② 부모의 교육 수준이 높다면 학교에 다닐 필요가 없다.
③ 학원이나 비대면 수업으로도 사회생활을 연습해야 한다.

2 ㉰에서 '이 연습장'은 무엇을 의미합니까?

 여러분은 학교에 다녀야 한다고 생각합니까? 그렇게 생각하는 이유는 무엇입니까?

필요성 necessity 매체 media 손쉽다 to be easy 지식 knowledge 과외 private lesson 단순히 simply
의사소통하다 to communicate 부딪히다 to bump into 맺다 to form 수준 level 형성 formation
한계 limit 당연하다 to be natural

Writing 쓰기 3-2

준비 발표를 할 때 요약문은 어떻게 작성해야 합니까?

☐ 미혼이라는 말은 아직 결혼하지 않았다는 뜻입니다.

☐ 미혼이라는 말은 아직 결혼하지 않았다는 뜻이다.

☐ 미혼: 아직 결혼하지 않았다는 뜻임.

💬 다음은 읽기2 를 요약한 것입니다. 친구와 함께 빈칸에 들어갈 내용을 이야기해 보세요.

학교에 다녀야 하는가?

- 학교에 다닐 필요가 없다는 사람들이 있음.
- _____

- 학교는 사람들과 의사소통하는 방법을 배우는 곳임.
- _____

- _____
- 부모는 교사보다 비전문적이고 집에서는 관계 맺기 연습을 하는 데 한계가 있음.

- 학교는 지식을 쌓는 곳이 아님.
- _____

쓰기 1단원과 2단원의 읽기2 중 하나를 골라 발표를 위한 요약문을 작성해 보세요.

제목: _____

- _____
- _____

- _____
- _____

🗨 **여러분이 지금까지 한 선택 중 가장 만족스러운 일과 후회되는 일을 이야기해 보세요.**

> 저는 2년 전에 한국에 왔는데요. 한국어를 공부하러 한국에 온 게 지금까지 한 일 중에 가장 만족스러운 일이에요. 원래는 우리 고향에서 취직을 하려다가….

준비 다음은 자신의 경험을 이야기할 때 필요한 표현입니다.

시작하기	선택
• 제가 가장 만족하는/후회하는 일은 _____ 은 거예요. • 저는 _____ 는데요. _____ 은 게 가장 만족스러운/후회스러운 일이에요.	• 저는 _____ 으려다가 _____ 게 되었습니다. • 저는 _____ 을 계기로 _____ 게 되었어요.

시간의 흐름	선택한 일에 대한 만족과 후회
• 어느 날 • 그러다가 • 얼마 후에 • 결국	• _____ 다가 보니까 _____ 어졌어요. • 처음에는 _____ 지만 _____ 다가 보니까 _____ 게 되었어요.

1 여러분이 선택한 일에 대해 메모해 보세요.

선택한 일	
그 일에 대한 만족/후회	

2 친구에게 만족하는/후회하는 일에 대해 소개해 보세요.

> 저는 2년 전에 한국에 왔는데요. 한국어를 공부하러 한국에 온 게 지금까지 한 일 중에 가장 만족스러운 일이에요. 원래는 우리 고향에서 취직을 하려다가 한국인 친구를 만나서 한국에 관심을 가지게 되었어요. 그러다가 한국어도 배우게 되었고 결국 한국에서 사업을 하기 위해 한국에 오게 되었어요. 그런데 막상 한국에서 생활하다 보니까 우리 나라와 달라서 많이 힘들었어요. 하지만 한국 친구들과 많이 사귀고 한국 문화에 익숙해져서 지금은 한국 생활이 너무 즐거워요.

문화 / Culture

비혼, 졸혼 … 변화하고 있는 가치관

말에는 사람들의 생각이 반영되어 있고 사람들의 생각은 시대의 변화에 영향을 받습니다. 따라서 시대가 바뀌면서 사람들의 생각이 바뀌면 말도 자연스럽게 바뀌게 됩니다. 여러분은 '비혼', '졸혼'이라는 말을 들어 본 적이 있습니까? '비혼'은 결혼을 하지 않는다는 뜻이고, '졸혼'은 오랫동안 함께 살아온 부부가 결혼 생활을 졸업하고 독립적으로 생활한다는 의미입니다. '비혼'에는 결혼을 선택의 문제로 보는 사고방식, '졸혼'에는 부부 사이에서도 개인의 자유를 중요하게 여기는 사고방식이 반영돼 있습니다. 이런 말들은 예전에는 없었지만 사람들의 사고방식이 변화하면서 새로 생겨난 것들입니다. 여러분 나라에도 이렇게 사람들의 생각이 변화하면서 새로 생겨난 말이 있습니까?

발음 Pronunciation

졸업 후에 [조러푸에] 바로 창업하려다가 [창어파려다가] 취직했어요 [취지캐써요].

받침 'ㄱ(ㄹㄱ), ㄷ, ㅂ(ㄹㅂ), ㅈ(ㄶ)' 뒤에 'ㅎ'이 오면 두 소리를 합쳐서 [ㅋ, ㅌ, ㅍ, ㅊ]로 발음합니다.

예) 아이를 의자에 **앉혀서** 사진을 찍었어요.
아이에게 책을 많이 **읽히면** 어휘력이 좋아져요.

자기 평가 Self-Check

- ☐ 선택한 일에 대한 만족과 후회를 표현할 수 있다.
- ☐ 요약문을 작성할 수 있다.
- ☐ 자신의 경험에 대해 시간 순으로 소개할 수 있다.

4

기후와 문화 Climate & Culture

4-1 날씨와 기후

4-2 기후와 문화의 특징

1 여러분 나라에는 어떤 계절이 있습니까? 각 계절의 날씨는 어떻습니까?
2 여러분 나라에는 기후의 영향을 받은 문화가 있습니까? (김장…)

어휘 Vocabulary 4-1 날씨와 기후

1 다음은 날씨를 나타내는 표현입니다. 이런 날씨는 보통 어느 계절의 날씨입니까?

쌀쌀하다 · 포근하다 · 날씨가 변덕스럽다
비바람이 불다 · 일교차가 크다 · 햇볕이 뜨겁다

2 '폭-'은 '심하다'라는 뜻을 가지고 있습니다. 이럴 때는 어떻게 해야 합니까?

폭설이 쏟아지다 · 폭우가 내리다 · 폭염이 계속되다
폭풍이 불다 · 폭풍우가 치다

쌀쌀하다 to be chilly 포근하다 to be warm 날씨가 변덕스럽다 weather is unpredictable
비바람이 불다 rain and wind are blowing 일교차가 크다 temperature changes are drastic
햇볕이 뜨겁다 sunshine is hot 폭설이 쏟아지다 snowing heavily 폭우가 내리다 raining heavily
폭염이 계속되다 heatwave continues 폭풍이 불다 storm blows 폭풍우가 치다 rainstorm is hitting

말하기 (Speaking) 4-1

준비 1 일기 예보나 뉴스, 다른 사람에게서 직접 들은 일을 친구에게 이야기해 보세요.

> 가: 일기 예보에서 들었는데 낮에는 햇볕이 **뜨겁다더라고요**.
> 나: 그럼 외출할 때 모자나 선글라스를 가져가야겠어요.

일기 예보에서 들은 것
- 햇볕이 뜨겁다
- 일교차가 크다
- 비바람이 불다

뉴스에서 들은 것
- 감기가 유행이다
- 지하철이 고장 나다
- 한국 사람은 라면을 자주 먹다

친구에게 들은 것
- 말하기 대회가 열리다
- 안나 씨가 대학원에 진학하다
- 테오 씨가 창업을 준비하고 있다

준비 2 예상하지 못한 일 때문에 생긴 부정적인 결과에 대해 이야기해 보세요.

> 가: 닛쿤 씨, 얼굴이 안 좋아 보여요. 어디 아파요?
> 나: 갑자기 날씨가 **쌀쌀해지는 바람에** 알레르기가 심해졌어요.

날씨
- 날씨가 쌀쌀해졌다
- 폭우가 내렸다
- 바람이 불었다

나의 잘못
- 여권을 잃어버렸다
- 숙제를 잊어버렸다
- 휴대폰을 떨어뜨렸다

사고
- 시계가 고장 났다
- 사고가 났다
- 계단에서 넘어졌다

문법과 표현
- 동-는다더라고(요), 형-다더라고(요), 명-이라더라고(요) ☞ 17쪽
- 동-는 바람에 ☞ 19쪽

선글라스 sunglasses　　계단 stairs

4-1. 날씨와 기후　73

말하기 1 다음은 곤란한 경험에 대한 대화입니다. 곤란했던 경험과 직접 들은 일에 대해 이야기해 보세요.

1 남자에게는 어떤 문제가 있었습니까?
2 일기 예보에서 뭐라고 했습니까?
3 두 사람은 무엇을 걱정하고 있습니까?

아야나: 크리스 씨, 무슨 일 있었어요? 왜 이렇게 늦게 왔어요?

크리스: 미안해요. 어제 눈이 많이 왔잖아요. 길에서 미끄러지는 바람에 옷을 다 버렸어요. 집에 가서 옷 갈아입고 오느라 늦었어요.

아야나: 다치지는 않았어요?

크리스: 네, 다친 데는 없어요.

아야나: 다행이네요. 아까 일기 예보에서 들었는데 오늘 밤에도 폭설이 내린다더라고요.

크리스: 그럼 또 길이 엉망이 되겠네요. 걸어 다닐 수 없을 정도로 눈이 많이 오는 건 아니겠죠?

아야나: 글쎄요. 오늘은 많이 춥지 않고 햇볕이 좋으니까 금방 녹을 수도 있어요. 그래도 조심하는 게 좋겠어요.

크리스: 네, 그래야겠어요. 아, 쉬는 시간 끝났나 봐요. 이따 또 이야기해요.

상황
- 옷이 엉망이 된 이유
- 책을 잃어버린 이유
- 연락하지 못한 이유
- 약속 시간에 늦은 이유

예상하지 못한 일
- 길에서 넘어졌다
- 지하철에 가방을 두고 내렸다
- 휴대폰이 고장 났다
- 길이 막혔다

직접 들은 것
- 오늘 밤에 폭설이 내리다
- 분실물 센터에서 찾을 수 있다
- 서울통신센터에서 휴대폰을 싸게 팔다
- 학교 근처에서 공사를 시작했다

> 무슨 일 있었어요? 옷이 엉망이네요.

> 길에서 **넘어지는 바람에** 옷을 버렸어요.

> 눈이 많이 와서 길이 미끄럽죠?
> 오늘 밤에도 폭설이 **내린다더라고요**.

> 그래요? 또 넘어지지 않게 조심해야겠어요.

말하기 2 여러분도 예상하지 못한 일 때문에 곤란한 일을 겪은 적이 있습니까? 그 문제를 어떻게 해결했는지 이야기해 보세요.

분실물 센터 Lost and Found Center   곤란하다 to be difficult

Listening 듣기 4-1

준비 오늘 날씨를 찾아보고 아래에 메모해 보세요.

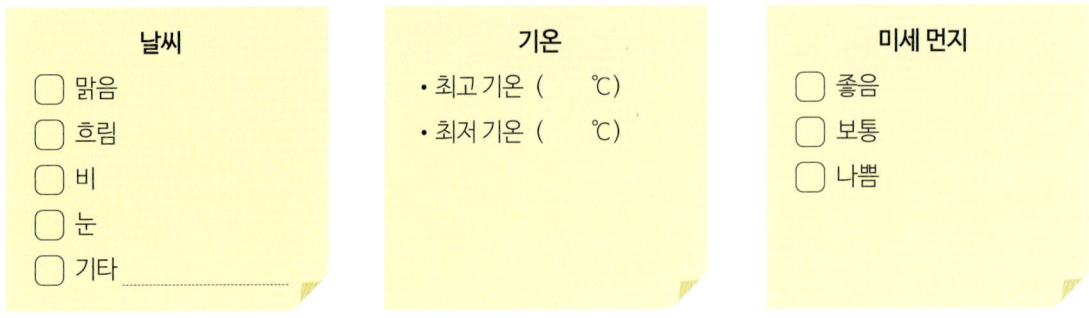

날씨
- ☐ 맑음
- ☐ 흐림
- ☐ 비
- ☐ 눈
- ☐ 기타 _____

기온
- 최고 기온 (℃)
- 최저 기온 (℃)

미세 먼지
- ☐ 좋음
- ☐ 보통
- ☐ 나쁨

듣기 1 다음은 일기 예보입니다. 잘 듣고 질문에 답해 보세요.

1 내일 날씨는 어떻습니까? 잘 듣고 메모해 보세요.

2 내일 아침부터 밤늦게까지 외출 계획이 있는 사람은 어떻게 해야 합니까?

평년 average year   일교차가 벌어지다 to have a wide daily temperature difference   대비하다 to prepare   대체로 mostly

듣기 2 다음은 두 친구의 대화입니다. 잘 듣고 질문에 답해 보세요.

1 들은 내용과 같은 것을 고르세요.

① 오후부터 추워진다.
② 오늘은 일교차가 크다.
③ 여자는 감기에 걸렸다.

2 남자는 여자의 말을 듣고 어떤 행동을 할까요?

듣기 3 다음은 기후에 대한 대담입니다. 잘 듣고 질문에 답해 보세요.

1 남자가 이야기한 날씨 현상은 무엇입니까? 모두 고르세요.

☐ 폭우   ☐ 폭풍   ☐ 폭염   ☐ 폭설

2 남자는 한국의 기후가 어떻게 변할 것으로 예상합니까? 모두 고르세요.

☐ 여름이 길어질 것이다.
☐ 겨울이 길어질 것이다.
☐ 폭염이 심해질 것이다.
☐ 폭우가 줄어들 것이다.

3 이어질 대담에서 어떤 내용을 이야기할까요?

💬 **친구들과 이야기해 보세요.**

• 여러분도 날씨 때문에 불편을 겪었던 적이 있었습니까?
• 여러분 나라에서도 폭염이 계속되거나 폭설이 내리는 경우가 있었습니까?

기후 climate   현상 phenomenon   잠기다 to be submerged   벌어지다 to happen   예측하다 to predict
갑작스럽다 to be unexpected   일부 some   극단적이다 to be extreme   전문가 expert   절반 half
가뭄 drought   피해 damage   홍수 flood   폐쇄되다 to be shut down   불편을 겪다 to experience inconvenience

기후와 문화의 특징

1 다음은 기후와 관련된 어휘입니다. 여러분 나라의 기후는 어떻습니까?

건조하다 강수량이 많다/적다 습도가 높다

서늘하다 더위가/추위가 심하다 사계절이 뚜렷하다

2 다음은 문화의 특징과 관련된 어휘입니다. 상황에 맞는 표현을 골라 보세요.

생소하다   독특하다   친숙하다   차이가 있다   공통점이 있다

1) 인삼은 인삼만 가지고 있는 특별한 맛과 냄새가 있어요.

2) 우리 고향도 한국과 비슷하게 여름에 덥고 습도가 높아요.

3) 한국에 처음 왔을 때는 모든 것이 새롭고 익숙하지 않았어요.

4) 우리 언니는 운동에 소질이 있고 나는 언어에 소질이 있다는 점이 달라요.

5) 처음 만난 사람인데 전에 만난 적이 있는 것처럼 얼굴과 목소리가 익숙해요.

건조하다 to be dry   강수량이 많다/적다 precipitation is high/low   습도가 높다 humidity is high
서늘하다 to be cool   더위가/추위가 심하다 heat/cold is severe   사계절이 뚜렷하다 four seasons are distinct
생소하다 to be unfamiliar   독특하다 to be unique   친숙하다 to be familiar
차이가 있다 to have a difference   공통점이 있다 to have common ground

읽기 (Reading) 4-2

준비 다음은 한국의 집에 대한 자료입니다. 정리해서 발표해 보세요.

한국 각 지역의 독특한 집 구조

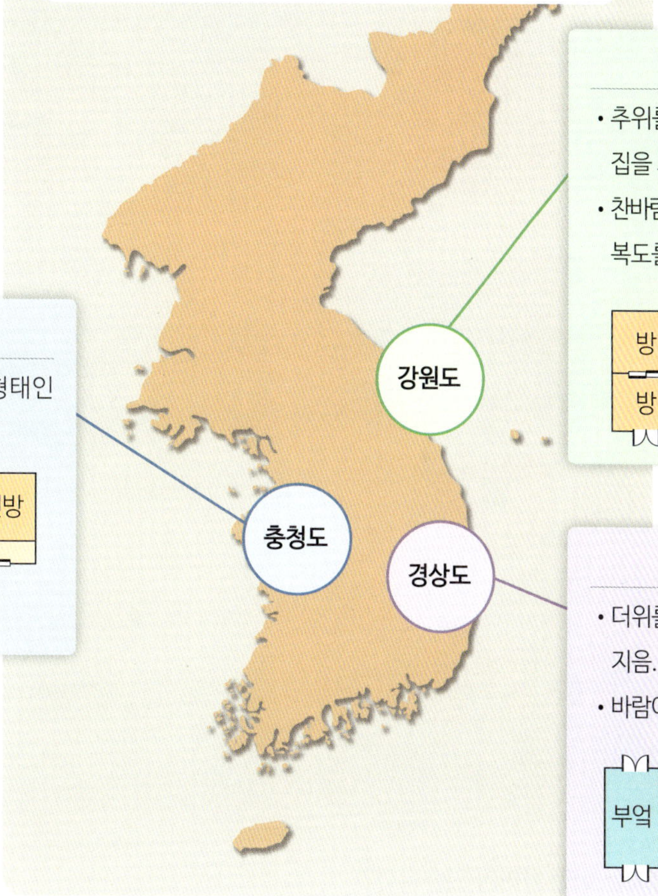

북부 지방
- 추위를 피하기 위해 'ㅁ'자형으로 집을 지음.
- 찬바람이 들어오지 않도록 대청이나 복도를 없앰.

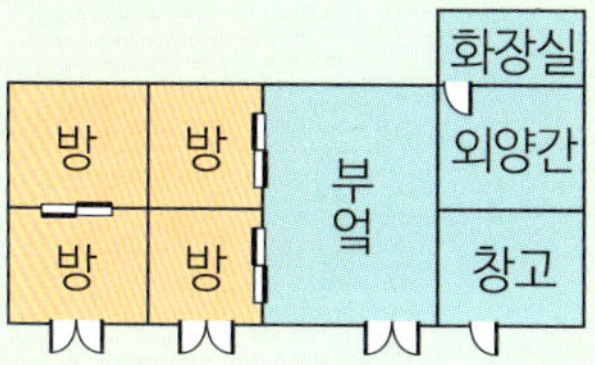

중부 지방
- 북부와 남부의 중간 형태인 'ㄱ'자형으로 지음.

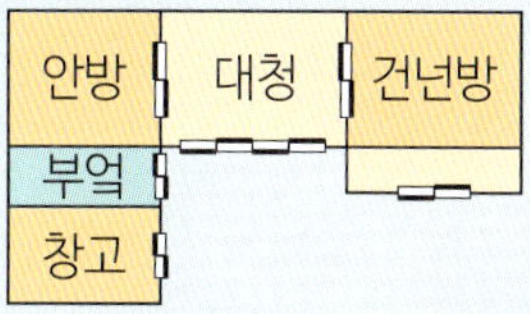

남부 지방
- 더위를 피하기 위해 'ㅡ'자형으로 지음.
- 바람이 잘 통하도록 대청을 만듦.

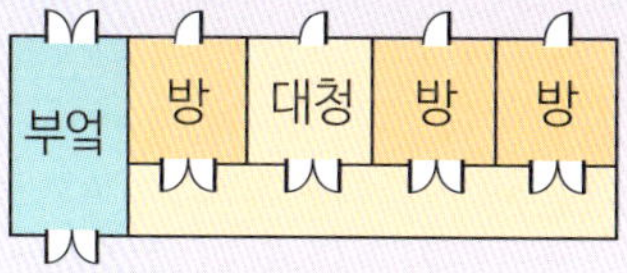

한국의 집 구조는 기후의 영향을 받아 지역마다 독특한 특징이 있습니다. _____을 비롯한 북부 지방에서는 _____는 반면에 경상도를 비롯한 남부 지방에서는 더위를 피하기 위해 'ㅡ'자형으로 집을 지었습니다. 중부 지방은 북부와 남부의 중간 형태인 'ㄱ'자형으로 집을 지었습니다. 남부형과 중부형은 _____는 반면에 북부형 집에는 대청이 없다는 차이가 있습니다.

 문법과 표현
- 명을 비롯해(서), 명을 비롯한 ☞ 20쪽
- 동-는 반면(에), 형-은 반면(에), 명인 반면(에) ☞ 21쪽

구조 structure 북부 northern 대청 a large wooden floor 외양간 barn 중부 central 건넌방 opposite room
창고 storage 남부 southern

4-2. 기후와 문화의 특징

읽기 1

다음은 기후와 과일에 대한 만화입니다. 잘 읽고 질문에 답해 보세요.

1. 사과와 귤의 재배지는 어떤 차이가 있습니까?

2. 이 만화를 읽은 후 보일 수 있는 반응으로 가장 적절한 것을 고르세요.

① 30년 후에는 귤을 제주도에서만 키울 수 있을 거야.

② 2050년에 한국에서 다른 나라로 사과를 수출하게 될 거야.

③ 우리 고향은 서늘하고 일교차도 크니까 사과나무가 잘 자라겠구나!

재배지 cultivation area   재배하다 to cultivate   수출하다 to export

읽기 2 다음은 김치에 대한 설명문입니다. 잘 읽고 질문에 답해 보세요.

기후는 사람들의 생활, 즉 입고, 먹고, 사는 방식에 영향을 끼친다. 한국의 기후는 지역마다 다르기 때문에 한국의 대표 음식인 김치도 지역마다 다른 특징을 가지고 있다.

한국의 북쪽인 강원도 산간 지역은 날씨가 매우 추운데 가장 추운 곳은 겨울에 영하 30도까지 내려가기도 한다. 그래서 김치 맛이 잘 변하지 않기 때문에 소금을 적게 넣고 양념도 간단하게 해서 다른 지방의 김치보다 싱거운 편이다. 반면에 전라도를 비롯한 남부 지방은 겨울에도 날씨가 따뜻하기 때문에 김치 맛이 빨리 변한다. 그래서 고춧가루와 젓갈을 많이 넣고 김치를 맵고 짜게 담가서 김치의 맛이 쉽게 변하지 않게 한다. 또한 강원도 산간 지역에서는 김치를 담글 때 국물을 넉넉하게 부어서 시원한 맛을 내는 반면에 남부 지방의 김치는 국물이 적고 맛이 진한 것이 특징이다. 마지막으로 중부 지방은 강원도처럼 겨울에 아주 춥지도 않고 남부처럼 여름에 아주 덥지도 않다. 그래서 김치 맛도 짜거나 싱겁지 않고 양념도 적당히 넣어서 깔끔한 맛이 특징이다.

위에서 살펴본 것처럼 한 나라의 음식 문화는 기후의 영향을 받는다는 것을 알 수 있다. 앞으로 낯선 곳에서 음식을 먹을 때 그 지역 기후와의 관련성을 생각해 보는 것도 흥미로울 것이다.

1 무엇에 대한 글입니까?

① 김치의 재료와 맛
② 지역별 김치의 특징
③ 김치 맛을 유지하는 방법

2 각 지역 김치의 특징 중 맞는 것을 고르세요.

① 강원도의 김치는 국물이 많은 것이 특징이다.
② 중부 지방의 김치는 짜고 매운 것이 특징이다.
③ 남부 지방의 김치는 싱겁고 시원한 맛이 특징이다.

3 강원도와 전라도의 김치 맛이 다른 이유는 무엇입니까?

여러분 나라에서 기후의 영향을 받은 것에 대해서 이야기해 보세요.

설명문 expository writing 　즉 in other words 　산간 between mountains 　고춧가루 red pepper powder 　넉넉하다 to be abundant
관련성 relation

Writing 쓰기 4-2

준비 한국과 여러분 나라에서 차이를 보이는 것은 무엇입니까? 친구와 이야기해 보세요.

☐ 옷(의복)   ☐ 식재료   ☐ 집의 재료   ☐ 생활 방식   ☐ _____

여러분 나라의 지역별 기후 차이와 생활문화의 차이에 대해 메모하고 이야기해 보세요. 차이가 없는 경우 기후가 다른 나라와 우리 나라의 생활문화를 비교해 보세요.

기후의 차이	• 북쪽은 춥고 건조함, 남쪽은 덥고 습도가 높음. • • •
생활문화의 차이	• 북쪽에서는 밀, 보리 등을, 남쪽에서는 주로 쌀을 재배함. • 북쪽에서는 면이나 만두 등 밀가루를 사용한 음식을 먹고, 남쪽은 주로 쌀밥을 먹음. • •

> 중국의 북쪽은 춥고 건조한 반면에 남쪽은 덥고 습도가 높습니다. 그래서 북쪽에서는 추운 날씨에도 잘 자라는 밀이나 보리를 주로 재배하는 반면에 남쪽에서는 쌀을 재배합니다. 이런 기후의 차이 때문에 북쪽과 남쪽은 주식도 다릅니다. 북쪽은 면을 비롯한 만두 등 밀가루 음식이 주식인 반면에 남쪽은 쌀밥을 주식으로 먹습니다.

쓰기 위에서 이야기한 것을 바탕으로 여러분 나라의 지역별 문화 차이에 대해 정리하고 설명하는 글을 써 보세요.

밀 wheat   보리 barley   주식 staple (food)

🗨 **여러분이 관심을 가지고 있는 주제를 정해서 발표해 보세요.**

준비 **다음은 발표를 할 때 필요한 표현입니다.**

저는 오늘 _____ 에 대해 발표하려고 합니다. 제가 이 주제에 관심을 갖게 된 이유는 _____ 기 때문입니다.

먼저,
다음으로,
마지막으로,

지금까지 살펴본 것처럼 _____. 제 생각에는 _____ 는 것 같습니다.

제 발표를 들어 주셔서 감사합니다. 혹시 질문이 있으십니까?

1 발표할 내용에 대해 메모해 보세요.

발표 주제와 주제를 선택한 이유	
발표 내용	
자신의 의견	

2 메모한 것을 바탕으로 발표해 보세요.

> 안녕하세요? 저는 오늘 한국과 인도의 기후 차이에 대해 발표하겠습니다. 제가 이 주제에 대해 관심을 갖게 된 이유는 한국에 와서 생활하면서 두 나라의 기후에 차이가 많다는 것을 알게 되었기 때문입니다.
>
> 먼저, 제 고향의 기후에 대해 소개해 드리겠습니다.
>
> 다음으로 …
>
> 지금까지 살펴본 것처럼 한국과 인도의 기후는 큰 차이가 있습니다. 제 생각에는 인도와 비슷한 기후에서 생활하던 친구들은 한국에 오기 전에 많은 것을 준비해야 할 것 같습니다.
>
> 제 발표를 들어 주셔서 감사합니다. 혹시 질문이 있으십니까?

문화 / Culture

"봄을 타나 봐요."

➤ '타다'에는 '계절이나 날씨의 영향을 쉽게 받는다' 또는 '계절이나 날씨의 변화를 쉽게 느낀다'는 의미가 있습니다. 봄이 되면 입맛이 없어지고 몸이 피곤하고 졸린다고 말하는 사람들이 많습니다. 왜냐하면 봄에는 겨울보다 햇볕도 강해지고 기온도 올라가서 추운 겨울 동안 긴장됐던 근육이 풀어지기 때문에 쉽게 피로를 느끼는 것입니다. 그래서 '봄을 타다'는 봄이 돼서 입맛이 없어지거나 몸이 피곤해서 일할 마음이 줄어든다는 것을 의미합니다. 여러분 나라에도 계절의 변화와 관련된 표현이 있습니까?

발음 / Pronunciation

햇볕이 [해뼈치/햍뼈치] 좋으니까 금방 녹을 수도 있어요.

'ㅌ' 받침 뒤에 '이'가 오면 [치]로 발음합니다.

예 수업이 끝나면 같이 점심을 먹을래요?
햇볕이 뜨거우니까 선글라스나 양산을 준비하는 게 좋겠어요.

자기 평가 / Self-Check

☐ 자국의 날씨와 기후에 대해 설명할 수 있다.
☐ 기후의 영향을 받은 자국 문화의 특징에 대해 소개할 수 있다.
☐ 자신이 관심 있는 주제에 대해 발표할 수 있다.

5

여행의 즐거움 Delight of Travel

5-1 아름다운 풍경

5-2 여행의 기쁨

1 기억에 남는 여행지가 있습니까? 그곳이 기억에 남는 이유는 무엇입니까?
2 여러분은 여행을 한 후에 무엇을 합니까? (사진 정리, SNS에 올리기…)

5-1 아름다운 풍경

1 다음은 자연 현상에 대한 표현입니다. 다음 사진을 보고 풍경을 묘사해 보세요.

눈꽃이 피다

단풍잎이 떨어지다

해가/달이/별이 뜨다

별이/해가/달이 지다

달빛이/햇빛이 비치다

2 다음은 풍경을 묘사하는 표현입니다. 여러분 나라에는 이런 곳이 있습니까?

노랗게/빨갛게 물들다

꽃으로/별로 가득하다

불빛이/별빛이 반짝거리다

꽃잎이/낙엽이 바람에 날리다

사막이/바다가/초원이 펼쳐지다

건물로/산으로 둘러싸이다

눈꽃이 피다 snowflakes bloom
단풍잎이 떨어지다 autumn leaves fall
해가/달이/별이 뜨다 sun/moon/star rises
별이/해가/달이 지다 star/sun/moon sets
달빛이/햇빛이 비치다 moonlight/sunlight shines
노랗게/빨갛게 물들다 to be stained yellow/red
꽃으로/별로 가득하다 to be full of flowers/stars
불빛이/별빛이 반짝거리다 lights/starlights twinkle
꽃잎이/낙엽이 바람에 날리다 petals/fallen leaves blow in the wind
사막이/바다가/초원이 펼쳐지다 desert/ocean/meadow unfolds
건물로/산으로 둘러싸이다 to be surrounded by buildings/mountains

Speaking 말하기 5-1

준비 1 다음 장소에서 볼 수 있는 것을 소개해 보세요.

1)
한강공원(일몰, 야경)

2)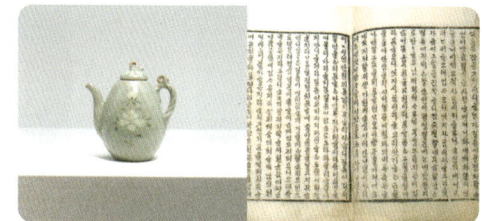
박물관(도자기, 책)

3)
미술관(그림, 조각)

4)
시장(과일, 생선)

> 저는 한강공원에 가 본 적이 있어요. 해가 질 때 하늘이 빨갛게 물드는 모습이 너무 인상적이었어요. 밤이 되니까 한강 다리에 불빛이 반짝거려서 정말 멋졌어요. 한강공원은 **일몰이면 일몰 야경이면 야경**, 다 아름다운 곳이에요.

준비 2 여러분은 다음과 같은 장소에 가 본 적이 있습니까? 그곳에서 느낀 것을 이야기해 보세요.

장소	느낌
• 안개가 낀 산 • 꽃잎이 날리는 공원	• 멋있다 • 아름답다
• 끝없이 펼쳐진 바다 • 꽃으로 가득한 초원	• 예쁘다 • 신비롭다
• 빨갛게 물든 단풍 길	• 시원하다

> 아침 일찍 산에 갔는데 안개가 낀 산의 모습이 **어찌나 신비로운지** 다른 세계에 온 것 같은 느낌이었어요.

문법과 표현
명이면 명 명이면 명 ☞ 22쪽
어찌나 동-는지, 어찌나 형-은지, 어찌나 명인지 ☞ 23쪽

묘사하다 to describe   야경 night view   도자기 pottery   조각 sculpture   신비롭다 to be mysterious

말하기 1
다음은 여행지와 여행지에서 느낀 점에 대한 대화입니다. 기억에 남는 여행지의 풍경과 감상을 이야기해 보세요.

1. 여행지에서 좋았던 점은 무엇입니까?
2. 여자는 여행지에서 무엇을 했습니까?

하이: 유진 씨, 주말에 광양에 다녀왔다면서요? 광양은 어땠어요? 좋았어요?

유진: 네. 광양 느랭이골에 다녀왔는데 낮이면 낮 밤이면 밤, 모두 아름다운 곳이었어요.

하이: 자세히 좀 이야기해 주세요. 들어 보고 좋으면 저도 이번 주말에 가 보려고요.

유진: 낮에는 나무 냄새로 가득한 숲길에서 산책을 했어요. 공기가 어찌나 맑은지 병에 담아 오고 싶을 정도였어요. 숲에는 다양한 동물 장식이 있었는데 해가 지고 나니까 동물 장식이 반짝거려서 정말 예뻤어요.

하이: 멋있었겠네요. 그럼 밤늦게 돌아온 거예요?

유진: 아니요. 너무 늦어서 캠핑을 했는데 캠핑장이 위치면 위치 시설이면 시설, 모두 좋더라고요.

하이: 광양은 무슨 음식이 유명해요?

유진: 광양 하면 불고기죠. 어찌나 맛있는지 밥을 두 그릇이나 먹었어요. 광양에 가면 꼭 불고기를 먹어 보세요.

자세히 in detail   숲길 forest road   담다 to put into

여행지	좋았던 점
• 광양 • 제주도 • 부산 • 전주	• 낮과 밤이 모두 아름답다 • 산과 바다가 모두 좋다 • 볼거리와 먹을거리가 다양하다 • 경치와 건물이 모두 멋있다

기억에 남는 점
- 불고기가 맛있다 / 두 그릇이나 먹다
- 경치가 아름답다 / 시간 가는 줄 모르다
- 구경거리가 많다 / 시간이 모자라다
- 멋진 곳이 많다 / 다음에 또 가고 싶다

광양에 다녀왔다면서요? 어땠어요?

뭐가 가장 기억에 남아요?

낮이면 낮 밤이면 밤, 모두 아름다웠어요.

음식요. 불고기가 **어찌나 맛있는지** 두 그릇이나 먹었어요.

말하기 2 여러분이 지금까지 가 본 여행지 중 어디가 제일 기억에 남습니까? 그곳에서 무엇이 가장 좋았는지 이야기해 보세요.

분위기　　경치　　시설　　교통

준비 여러분이 여행을 가고 싶은 곳은 어디입니까?

듣기 1 다음은 두 친구의 대화입니다. 잘 듣고 질문에 답해 보세요.

1 두 사람은 무엇에 대해 이야기하고 있습니까?

　① 휴가 계획　　　　　② 모임 날짜　　　　　③ 여행 경험

2 들은 내용과 같은 것을 고르세요.

　① 두 사람은 주말에 모임에 참석했다.
　② 두 사람은 함께 일출을 본 적이 있다.
　③ 두 사람은 방학에 강원도에 갈 것이다.

듣기 2 다음은 여행지를 소개하는 라디오 방송입니다. 잘 듣고 질문에 답해 보세요.

 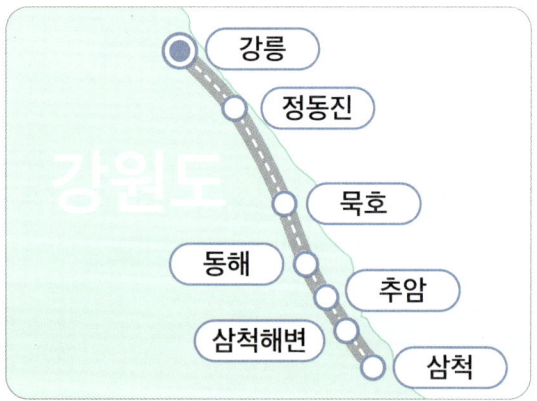

1 남자는 무엇을 소개했습니까?

2 바다열차에 대한 설명으로 맞는 것을 고르세요.

① 주말에는 왕복 두 번씩 운행한다.
② 의자가 창문 쪽을 향해 있어서 바깥 경치를 감상할 수 있다.
③ 삼척에서 강릉 사이를 운행하고, 다른 역에서는 내릴 수 없다.

3 이어질 방송에서 어떤 내용을 이야기할까요?

듣기 3 다음은 여행에 대한 토의입니다. 잘 듣고 질문에 답해 보세요.

1 토의한 내용을 모두 고르세요.

☐ 어디에 갈 것인가?
☐ 무엇을 먹을 것인가?
☐ 무엇을 타고 이동할 것인가?
☐ 몇 박 며칠로 여행을 할 것인가?

2 토의한 결과 결정된 것은 무엇입니까?

·
·
·

친구들과 이야기해 보세요.

• 여러분 고향에서 추천하고 싶은 장소가 있습니까? 그곳의 경치는 어떻습니까?
• 그곳에서 무엇을 하면 좋습니까?

| 왕복 round trip | 운행하다 to operate | 바깥 outside | 코스 course | 마주 facing | 바라보다 to look at |
| 확 completely | 곡 counting uint for song | 토의하다 to discuss | 일단 first | 하룻밤 one night | 묵다 to stay |

5-2 여행의 기쁨

1 다음은 기분을 나타내는 표현입니다. 여러분은 어떨 때 이런 기분을 느낍니까?

2 다음은 '-없이'가 들어간 표현입니다. 어떤 말과 어울리는지 연결해 보세요.

기분이 상쾌하다 feeling refreshed 기분이 색다르다 feeling different 기분이 상하다 feeling offended
마음이 들뜨다 feeling excited 마음이 차분해지다 feeling calm 마음이 우울해지다 feeling depressed
끝없이 endlessly 수없이 countlessly 말없이 wordlessly
쓸데없이 unnecessarily 정신없이 hectically

준비 다음은 한국 사람들이 여행을 가기 전에 정보를 얻는 방법에 대한 자료입니다. 정리해서 발표해 보세요.

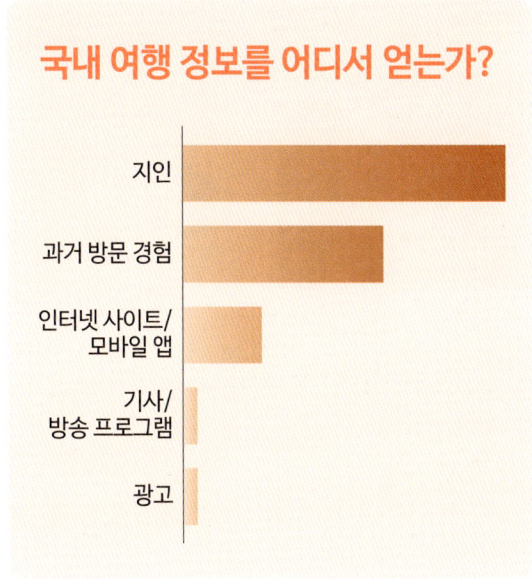

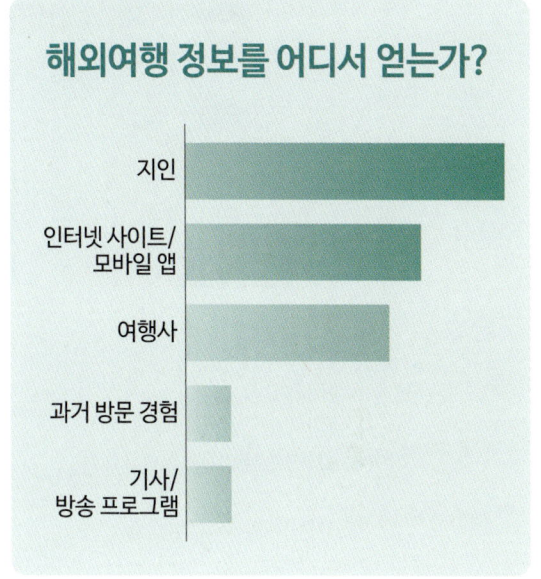

이 자료를 보면 한국 사람들은 국내 여행을 할 때 _____ **으며** 과거 방문 경험을 중요하게 생각하는 것을 알 수 있습니다. 반면에 해외여행을 갈 때는 지인에게서도 정보를 얻지만 _____ 에서도 정보를 얻습니다.
이렇게 차이가 나는 이유는 해외여행의 경우에는 국내 여행보다 _____ **때문인 듯합니다.**

| 문법과 표현 | 동 -는 듯하다, 형 -은 듯하다, 명 인 듯하다 | ☞ 24쪽 |
| 동 형 -으며, 명 이며 | ☞ 25쪽 |

자료 material   지인 acquaintance   인터넷 사이트 internet site   모바일 mobile

읽기 1 다음은 여행지에 대한 정보 검색 결과입니다. 잘 읽고 질문에 답해 보세요.

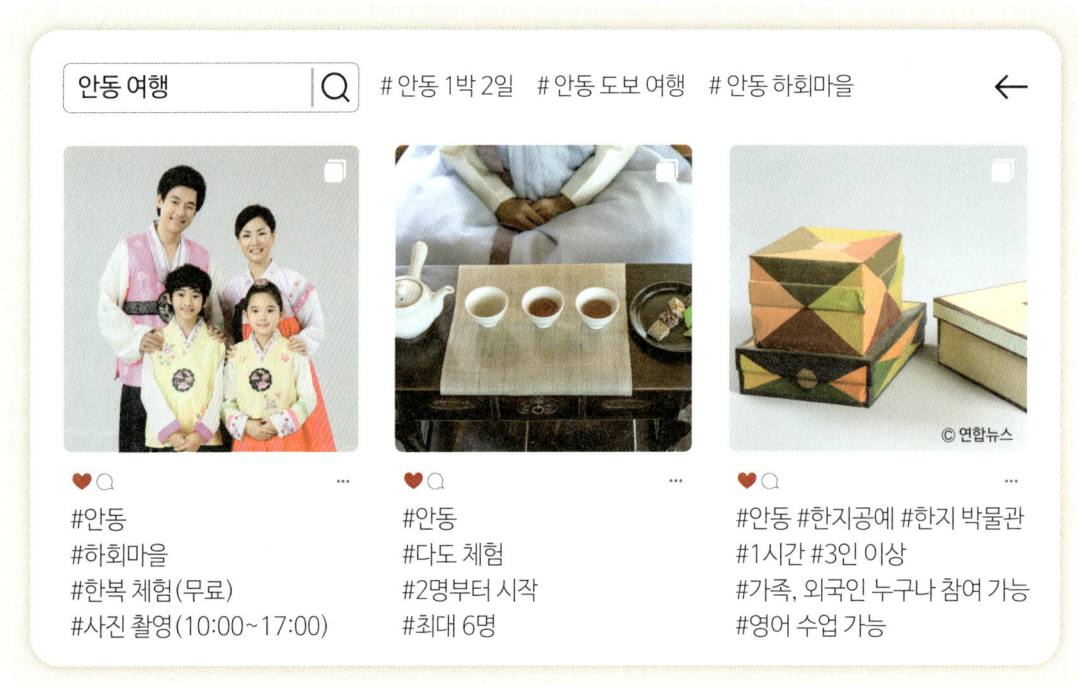

1. 안동에 가서 어떤 체험을 할 수 있습니까?

2. 검색 결과를 읽은 후 보일 수 있는 반응으로 적절하지 않은 것을 고르세요.

① 혼자 안동에 가면 다도를 배우기 어려울 수 있겠어.

② 안동에서 사진을 무료로 찍으려면 한복을 입어야 돼.

③ 한지공예는 한국어를 모르는 외국인도 체험할 수 있어.

도보 walking   다도 tea ceremony   최대 maximum   한지공예 Korean paper art

읽기 2 다음은 여행 블로그입니다. 잘 읽고 질문에 답해 보세요.

안동 하회마을 여행

안동에 가면 전통을 느끼며 다양한 체험을 할 수 있는 하회마을이 있다. 하회는 강이 돌아간다는 뜻이며, 이름처럼 마을이 강으로 둘러싸여 있는 것이 특징이다. 안동 하회마을에는 150여 채의 한옥이 남아 있으며 한복을 입고 마을을 걷다 보면 옛날로 돌아간 듯한 기분을 느낄 수 있다.

하회마을에서는 숙박도 가능할 뿐만 아니라 하회별신굿탈놀이, 전통 다도 같은 다양한 프로그램을 체험할 수 있다. 친구나 가족과 함께 참가하는 사람이 많으며 영어로 진행되는 프로그램도 있어서 외국인 관광객들에게도 인기가 많다.

안동에서는 양반들이 살던 옛집을 볼 수 있을 뿐만 아니라 양반들의 음식 문화도 즐길 수 있다. 헛제삿밥을 비롯해서 간고등어, 안동국수 등이 잘 알려져 있다. 옛날 안동의 양반들은 평상시에도 제사 음식과 같은 재료로 만든 비빔밥을 먹었는데 이것을 헛제삿밥이라 한다. 다른 한국 전통 음식처럼 맛이면 맛 영양이면 영양, 모든 면에서 훌륭한 음식이다. 현대적인 음식을 먹어 보고 싶다면 안동찜닭을 추천한다. 닭고기와 채소를 간장 양념에 졸인 것으로 약간 매콤한 맛이 입맛을 당긴다.

이 밖에도 안동에서는 탈춤 축제, 월영야행 등 다양한 행사와 축제가 열린다. 안동은 전통적인 문화와 다양한 매력을 가진 곳이다. 전통문화에 관심이 많은 사람이라면 꼭 한번 가 보기를 추천한다.

1 이 글에서 소개한 것은 무엇입니까? 모두 고르세요.

☐ 안동의 맛집 ☐ 하회마을이라고 부르는 이유
☐ 하회탈놀이의 역사 ☐ 안동에서 할 수 있는 체험 프로그램

2 이 글의 내용과 일치하는 것을 고르세요.

① 하회마을은 강으로 둘러싸여 있다.
② 헛제삿밥은 제삿날에만 먹는 밥이다.
③ 하회마을에서 숙박을 하는 것은 불가능하다.

3 안동에서는 어떤 축제가 열립니까?

 여러분이 한국에서 가 본 곳과 그곳에서 체험한 것에 대해서 이야기해 보세요.

채 counting unit for house/building 진행되다 to be in process 양반 aristocrat 평상시 ordinary day
제사 ancestral rite 면 aspect 졸이다 to boil down 매콤하다 to be spicy 입맛을 당기다 to whet one's appetite

쓰기 5-2

준비 여행을 다녀온 뒤 여행 경험을 쓰고 싶습니다. 어떤 내용을 쓸 수 있습니까?

☐ 숙박   ☐ 맛집   ☐ 교통   ☐ 체험 프로그램   ☐ _____

여행 경험에 대해 이야기해 보세요.

• 기억에 남는 여행을 한 문장으로 말하면?	
• 무엇을 먹었습니까? 아는 맛집이 있으면 소개해 주세요.	
• 무엇을 체험했습니까?	
•	

쓰기 위에서 이야기한 것을 바탕으로 여행 경험에 대해 써 보세요.

제목:

 **과제**

🗨 여행 정보를 소개하는 관광 안내도를 만들어 보세요.

준비 다음은 경치 묘사와 느낌에 대한 표현입니다.

경치	느낌
• 바다가 끝없이 펼쳐지다 • 산으로/강으로 둘러싸이다 • 불빛이/별빛이 반짝거리다 • 들판이 꽃으로 가득하다 • 하늘이 빨갛게 물들다	• 기분이 상쾌해지다 • 색다른 기분을 느끼다 • 마음이 차분해지다 • 우울했던 마음이 사라지다

관광 안내도 tourist guide map

1 여러분이 소개하고 싶은 여행지에 대해 이야기해 보세요.

경치	
느낌	
인상적인 한 문장	

2 4~5명이 한 팀을 만들고 여행지를 소개하는 관광 안내도를 만들어 보세요.

한국인이 선호하는 여행지는 어디?

한국인들이 선호하는 국내 여행지는 어디일까요? 조사 결과 한국인들은 선호하는 관광지로 제주도와 강원도를 꼽았다고 합니다. 제주도와 강원도는 산이면 산 바다면 바다, 모두 아름다울 뿐만 아니라 여유를 즐길 수 있는 곳입니다. 사람들은 이곳에서 정신없이 바쁜 일상에서 벗어나 아름다운 자연 경치를 즐기며 쉴 수 있습니다. 여러분 나라에도 사람들이 선호하는 여행지가 있습니까? 그곳이 어디인지, 사람들이 왜 그곳을 선호하는지 친구들과 이야기해 보세요.

발음 / Pronunciation

낮이면 낮 밤이면 밤, 모두 아름다운 곳이었어요.

'이면' 뒤에 나오는 단어를 말할 때는 끝을 내려서 말하고 잠깐 쉽니다.

예) 위치면 위치 시설이면 시설, 다 좋아요.
일몰이면 일몰 야경이면 야경, 모두 아름다웠어요.

자기 평가 / Self-Check

- ☐ 기억에 남는 여행지의 경치를 묘사할 수 있다.
- ☐ 여행지를 소개하는 글을 작성할 수 있다.
- ☐ 여행지를 소개하는 관광 안내도를 만들 수 있다.

공연과 축제 Performances & Festivals

6-1 함께 즐기는 축제

6-2 감상과 평가

1. 여러분 고향에는 어떤 축제가 있습니까? 축제에서 사람들은 무엇을 합니까?
2. 여러분이 본 공연 중에서 인상적이었던 공연이 있습니까? 어떤 점이 좋았습니까?

6-1 함께 즐기는 축제

1 다음은 축제와 관련된 어휘입니다. 축제를 열 때와 축제에 참가할 때 중 어느 것과 관계있는지 써 보세요.

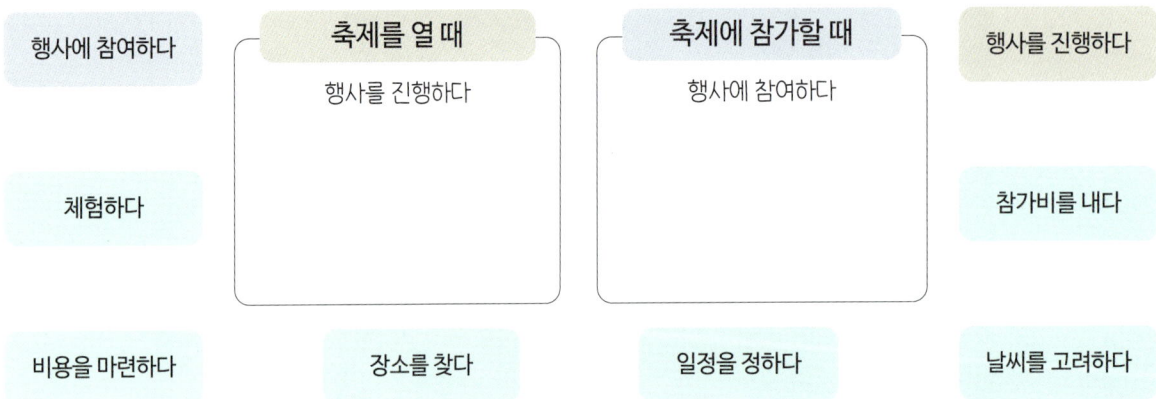

2 '-거리'는 내용이 될 만한 것이나 재료를 나타내는 표현입니다. 사진을 보고 어떤 상황인지 이야기해 보세요.

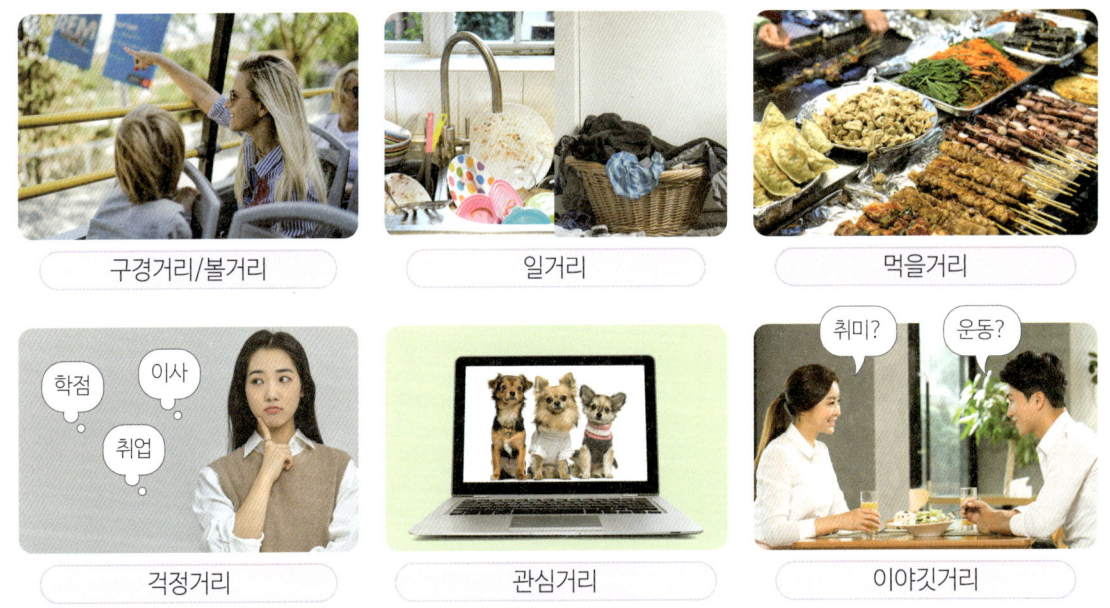

행사에 참여하다 to take part in an event 행사를 진행하다 to emcee an event 체험하다 to experience
참가비를 내다 to pay a participation fee 비용을 마련하다 to come up with the expenses 장소를 찾다 to find a venue
일정을 정하다 to determine the schedule 날씨를 고려하다 to take the weather into consideration
구경거리/볼거리 attraction/spectacle 일거리 things to do 먹을거리 things to eat
걱정거리 things to worry about 관심거리 things of interest 이야깃거리 things to talk about

준비 1 축제 정보를 친구에게 전달해 보세요.

가: 다니엘 씨, 학생회관 앞에서 봄 축제를 **하던데요**. 가 봤어요?
나: 그래요? 저는 학교에서 열리는 축제에는 한 번도 안 가 봤어요.
가: 여러 나라 음식과 한국 전통 음식도 **팔던데** 같이 가 볼래요?

먹을거리
여러 나라 음식
한국 전통 음식

살 거리
공예품
축제 기념품

구경거리
그림 전시
가수의 공연

즐길 거리
게임
전통 놀이 체험

준비 2 다음 상황에서 지켜야 할 것에 대해 의견을 이야기해 보세요.

가: 저는 기숙사에서 11시 이후에는 무조건 불을 껐으면 좋겠어요.
나: 글쎄요. 밤늦게까지 공부할 때도 있으니까 무조건 불을 끄면 **안 된다고 봐요**.
가: 그럴 경우에는 스탠드를 이용하면 되지 않을까요?

상황	지켜야 할 것
• 기숙사 룸메이트와 생활할 때	• 불 끄는 시간, 청소
• 교실에서 수업을 들을 때	• 휴대폰 금지, 모국어 금지
• 극장에서 영화를 볼 때	• 음식 섭취, 빈자리 이용 금지

문법과 표현
동 형 -던데(요), 명 이던데(요) ☞ 26쪽
동 -는다고 보다, 형 -다고 보다, 명 이라고 보다 ☞ 27쪽

전달하다 to relay   즐길 거리 things to have fun   스탠드 desk lamp   모국어 mother tongue

말하기 1 다음은 축제 참가에 대한 대화입니다. 축제 참가에 대해 친구와 토의해 보세요.

1 학교에서 무슨 행사가 있습니까?
2 두 사람은 그 행사에서 무엇을 하기로 했습니까?

닛 쿤: 소식 들었어요? 다음 주에 우리 학교에서 봄 축제를 한대요.

자밀라: 네, 저도 들었어요. 선배들이 그러는데 우리 학교 축제는 볼거리가 많다더라고요.

닛 쿤: 오다가 게시판을 보니까 공연자를 모집하던데 우리도 한번 나가 볼까요? 우리가 직접 참여하면 더 재미있을 것 같아요.

자밀라: 좋아요. 그런데 뭘 하면 좋을까요?

닛 쿤: 친구들 모두 케이팝을 좋아하니까 한국 노래에 맞춰서 춤을 추는 건 어때요?

자밀라: 그것도 좋겠지만 일주일 남았는데 춤을 준비하기는 어렵다고 봐요. 춤 말고 노래를 부르는 건 어때요? 모두 다 아는 노래를 고르면 조금만 연습해도 될 거예요.

닛 쿤: 그게 좋겠네요. 그럼 '봄이 오면'은 어때요? 노래도 쉽고 봄 축제에도 잘 어울릴 것 같지 않아요?

자밀라: 네, 그렇네요. 그러면 친구들한테도 한번 물어볼까요?

닛 쿤: 좋아요. 친구들이 다 괜찮다고 하면 오늘부터 연습하면 되겠네요.

축제 정보/제안	의견/다른 제안
• 공연자 모집/춤 • 판매자 구함/고향 음식 • 진행자 선발/사회자 • 한국어 대회 개최/글짓기	• 일주일밖에 안 남아서 어렵다/노래 • 재료 구하기가 힘들다/한국 음식 • 한국어를 잘 해야 한다/안내 도우미 • 대회에 나가기에는 실력이 부족하다/예쁜 글씨 쓰기 대회

학교 축제에서 공연자를 **모집하던데** 우리도 한번 나가볼까요? 우리가 다 같이 춤 공연을 해 보면 좋을 것 같아요.

일주일밖에 안 남았으니까 춤을 추는 건 좀 **어렵다고 봐요**. 노래를 부르는 건 어떨까요?

그게 좋겠어요. 그럼 무슨 노래를 부를까요?

말하기 2 여러분이 참가해 보고 싶은 축제가 있습니까? 그 축제에서 무엇을 하고 싶습니까?

비빔밥 축제   거리 예술 축제   한복 축제

저는 한국 음식에 관심이 많아요. 그래서 비빔밥 축제에 참가해 보고 싶어요. 비빔밥 안에 들어가는 재료를 하나하나 맛보고 싶어요.

선발하다 to pick   도우미 helper

듣기 6-1

준비 다음은 축제 참가자 모집 포스터입니다. 빈칸에 들어갈 말을 찾아보세요.

> 참가비   신청 기간   신청 방법   참가 자격

1) _____ : 5월 1일부터 5월 10일까지
2) _____ : 국적에 관계없이 누구나 참가 가능
3) _____ : hanwoo@yori.com으로 이메일 신청
4) _____ : 무료

듣기 1 다음은 축제에 대한 라디오 광고입니다. 잘 듣고 질문에 답해 보세요.

1 무엇에 대한 광고입니까?

① 음식 광고   ② 축제 광고   ③ 요리 교실 광고

2 들은 내용을 메모해 보세요.

1) 참가 자격: 국적에 관계없이 누구나
2) 신청 방법: _____
3) 신청 기간: _____
4) 혜택: _____

빈칸 blank   자격 qualification   국적 nationality   혜택 benefit   본인 me/you/own/oneself

듣기 2 다음은 두 친구의 대화입니다. 잘 듣고 질문에 답해 보세요.

1 남자는 무엇을 제안했습니까?

2 남자가 이어서 할 행동은 무엇일까요?

듣기 3 다음은 축제 참가 방법에 대한 토의입니다. 잘 듣고 질문에 답해 보세요.

1 토의한 내용을 모두 고르세요.

☐ 무슨 요리를 만들 것인가?
☐ 어디에서 요리를 할 것인가?
☐ 재료를 누가 살 것인가?
☐ 비용을 어떻게 마련할 것인가?
☐ 누가 사진을 찍을 것인가?

2 토의한 결과 결정된 것은 무엇입니까?

•
•
•

친구들과 함께 요리 대회에 참가하려고 합니다. 토의해 보세요.

• 무슨 음식을 만들까요?
• 재료 준비는 누가 할까요?
• 요리 대회에서 누가 어떤 역할을 할까요? (재료 준비, 요리, 설거지, 기타 …)

제안하다 to suggest   뽑히다 to be selected   찬성 approval   마감일 deadline   샐러드 salad   퓨전 fusion   투표 vote

어휘 Vocabulary 6-2 감상과 평가

1 다음은 감상에 대한 표현입니다. 긍정적인 것과 부정적인 것으로 나눠 보세요.

감동적이다 / 내용이 뻔하다 / 기대만 못하다 / 연출이 뛰어나다 / 내용이 신선하다 / 수준이 낮다 / 수준이 높다 / 연기가 형편없다

긍정적: 감동적이다
부정적: 수준이 낮다

2 다음은 평가할 때 사용하는 표현입니다. 여러분이 참가한 축제에 대해 평가해 보세요.

좋은 반응을 얻다 / 목표를 이루다 / 의미가 있다 / 한계가 있다 / 홍보가 잘되다/안되다

감동적이다 to be moving 수준이 높다/낮다 standard is high/low 내용이 뻔하다 content is obvious
기대만 못하다 to not meet expectations 연출이 뛰어나다 directing is outstanding 내용이 신선하다 content is fresh
연기가 형편없다 acting is terrible 좋은 반응을 얻다 to receive a good response 목표를 이루다 to achieve a goal
의미가 있다 to be meaningful 한계가 있다 to have a limit 홍보가 잘되다/안되다 to be highly promoted/to not be highly promoted

읽기 6-2

준비 다음은 공연 후기입니다. 정리해서 발표해 보세요.

얼마 전 개막한 뮤지컬 '하루'가 좋은 반응을 얻고 있습니다. 평일에도 표를 구하기 힘들 정도로 **여간** _____. 관객들은 감동적인 이야기를 뛰어난 연출로 그려낸 _____ **이야말로** 올해 최고의 공연이라고 평가하고 있습니다.

| 문법과 표현 | 여간 동-는 것이 아니다, 여간 형-은 것이 아니다, 여간 명인 것이 아니다, 여간 동형-지 않다 | ☞ 28쪽 |
| | 명 이야말로 | ☞ 29쪽 |

매진 sold out   개막하다 to open

읽기 1 다음은 인터넷의 공연 정보입니다. 잘 읽고 질문에 답해 보세요.

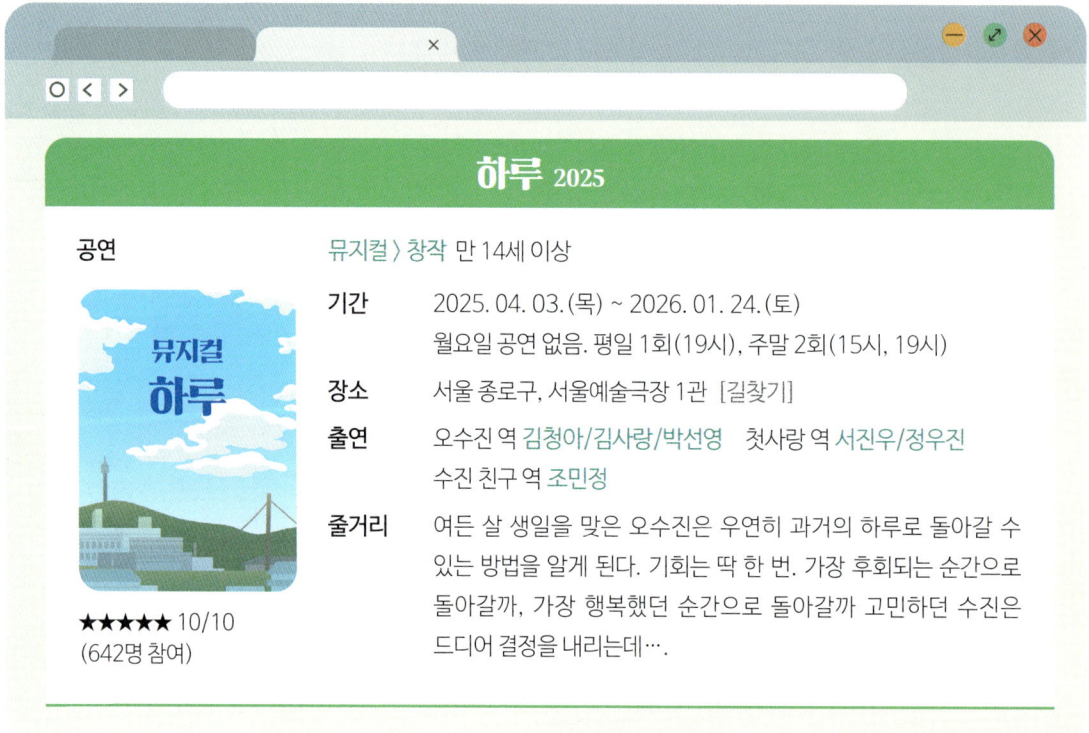

1 이 공연의 제목은 무엇입니까?

2 이 글의 내용과 일치하면 ○, 일치하지 않으면 × 하세요.

1) 이 공연은 성인만 감상할 수 있다. ( )
2) 주중에는 하루에 2번 공연이 있다. ( )
3) 이 공연은 서울예술극장에서 볼 수 있다. ( )
4) 주인공 역할은 한 명의 배우가 연기한다. ( )

출연 cast   역(할) role   순간 moment

읽기 2 다음은 축제에 대한 기사입니다. 잘 읽고 질문에 답해 보세요.

아시아 음식 축제

한국과 아시아의 전통 음식과 문화를 체험할 수 있는 아시아 음식 축제가 11월 15일부터 27일까지 서울 여의도 한강공원에서 열렸다. 이번 축제에서는 한국을 비롯한 아시아 10개국의 요리사들이 각 나라의 음식을 만들어 사람들에게 선보였다. 요리사들의 수준 높은 음식뿐만 아니라 외국인들이 직접 만든 장식품과 간식거리들을 판매하는 행사도 열려 사람들의 관심을 끌었다.

참가자들은 온라인과 현장에서 입장권을 구매한 후 축제에 참여할 수 있었다. 주말의 경우 온라인 표는 예매를 시작하자마자 매진되었고 현장 판매대 역시 표를 사려는 사람들로 여간 붐비는 것이 아니었다. 행사가 시작된 지 세 시간 만에 준비한 음식 재료가 떨어지는 등 현장의 분위기는 매우 뜨거웠다.

이번 행사는 아시아 여러 나라의 다양한 음식을 한자리에서 맛볼 수 있어서 사람들로부터 좋은 반응을 얻었다. 또한 한국에 살고 있는 유학생, 주재원들은 이 축제가 자국의 문화를 알리는 의미 있는 행사였다고 평가했다.

그러나 몇몇 참가자들은 일반인들이 판매한 장식품과 간식거리 중 일부 제품의 품질이 기대만 못해서 아쉽다는 반응을 보였다. 또 전문가들은 이번 축제가 외국인들에게는 홍보가 잘 안되어서 주로 한국인들이 참가했다는 한계가 있었다고 평가했다.

앞으로 몇 가지 문제점을 보완한다면 아시아 음식 축제야말로 한국인과 외국인 모두가 즐길 수 있는 흥미로운 축제가 될 것이다.

1 이 글에서 소개한 것은 무엇입니까? 모두 고르세요.

☐ 축제가 열린 장소　　☐ 참가 방법　　☐ 축제 준비 과정　　☐ 평가와 의미

2 이 축제에 대한 설명으로 맞는 것을 고르세요.

① 온라인으로 예매를 해야 참가가 가능하다.
② 유학생과 주재원들에게 좋은 반응을 얻었다.
③ 한국인들보다 외국인들이 더 많이 참여했다.

여러분 나라에서 열리는 축제의 특징과 사람들의 평가에 대해 이야기해 보세요.

선보이다 to offer　　현장 on-site　　주재원 expatriate employee　　자국 one's own country　　장식품 ornament
보완하다 to make up

준비 유명한 축제나 공연을 소개하는 글을 쓰려고 합니다. 어떤 내용이 포함되면 좋을까요?

☐ 축제/공연 이름 ☐ 축제가/공연이 열리는 기간 ☐ 축제가/공연이 열리는 장소
☐ 축제/공연의 특징 ☐ 참가자/관객의 반응 ☐ _____

말하기 여러분 나라의 유명한 축제나 공연에 대해 조사하고 친구에게 소개해 보세요.

축제/공연의 이름 기간과 장소	
축제/공연의 특징	
축제/공연에 대한 평가	

쓰기 위에서 이야기한 것을 바탕으로 축제나 공연에 대해 소개하는 글을 써 보세요.

💬 언어교육원에서 축제를 개최하려고 합니다. 어떤 축제를 만들고 싶은지 친구들과 함께 토의하고 구체적인 계획을 세워 보세요.

준비 다음은 토의할 때 사용하는 표현입니다.

지금부터 _____ 에 대한 토의를 시작하겠습니다.
먼저, _____ 에 대해서 이야기해 봅시다.

제 생각에는 _____ 는 것이 좋을 것 같습니다.
왜냐하면 _____ 기 때문입니다.

맞습니다. 저도 같은 생각입니다.

저는 생각이 좀 다릅니다.
저는 그 의견에 반대합니다.

구체적 detailed

과제

1 4~5명이 한 팀을 만들고 어떤 축제를 개최할지 토의해 보세요.

- 축제에서 어떤 행사들을 할까요?
- 장소와 시간을 정하기 위해 고려해야 하는 것은 무엇일까요?
- 축제를 준비하는 데 필요한 비용은 어떻게 마련해야 할까요?
- 축제 참가 자격은 어떻게 정할까요?
- 축제의 진행은 누가, 어떻게 할까요? (사회자, 참가자, 진행자)
- 참가 인원과 참가 방법은 어떻게 결정해야 할까요?

2 토의한 내용을 정리하고 발표해 보세요.

> 우리 팀은 다문화 축제를 개최하기로 했습니다. 축제를 위해 먹을거리, 구경거리를 준비하려고 합니다. 먼저, 먹을거리는 요리를 잘하는 소날 씨와 자말 씨가 인도 음식을 만들어서 팔기로 했습니다. 참가비는 ….

인원 number of people

문화 | Culture

잔칫날 먹는 음식, 잔치국수

여러분이 축제나 잔치에서 가장 기대하는 것은 무엇입니까? 잔치에는 볼거리도 많고 즐길 거리도 있어야 하지만 가장 중요한 것은 역시 먹을거리입니다. 한국의 잔치에서 빠지지 않는 음식 중 하나가 바로 잔치국수입니다. 옛날에는 밀가루가 흔하지 않았기 때문에 국수는 특별한 날에 먹는 음식이었고, 긴 국수처럼 오래 잘 살라는 의미로 국수를 먹었습니다. 그래서 결혼할 때가 된 사람에게 언제 국수를 먹여 줄 거냐고 묻기도 합니다. 여러분 나라에도 잔치나 축제 때 꼭 먹는 음식이 있습니까?

발음 Pronunciation

우리 학교 축제는 **볼거리 [볼꺼리]**가 많더라고요.

'-거리'가 들어간 단어는 [-꺼리]로 발음합니다.

> 예 휴가를 다녀왔더니 **일거리**가 쌓여 있어요.
> 무슨 **걱정거리**가 있어요? 얼굴이 안 좋아 보여요.

자기 평가 Self-Check

- ☐ 축제나 행사에 관련된 정보를 전달하고 의견을 말할 수 있다.
- ☐ 공연과 축제에 대한 감상을 이야기하고 평가할 수 있다.
- ☐ 자신의 의견을 제시해서 토의할 수 있다.

7 숫자로 보는 세상 World in Numbers

7-1 조사 결과

7-2 통계와 그래프

1 설문 조사를 해 본 적이 있습니까? 무엇을 조사하고 싶습니까?
2 여러분이 산 물건 중에 가격이 오르거나 내린 것이 있습니까?

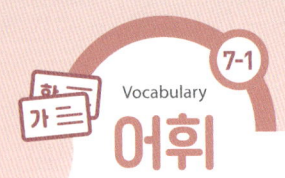

7-1 Vocabulary 어휘 — 조사 결과

1 다음은 조사 결과를 나타낼 때 사용하는 표현입니다. 조사 결과를 이야기해 보세요.

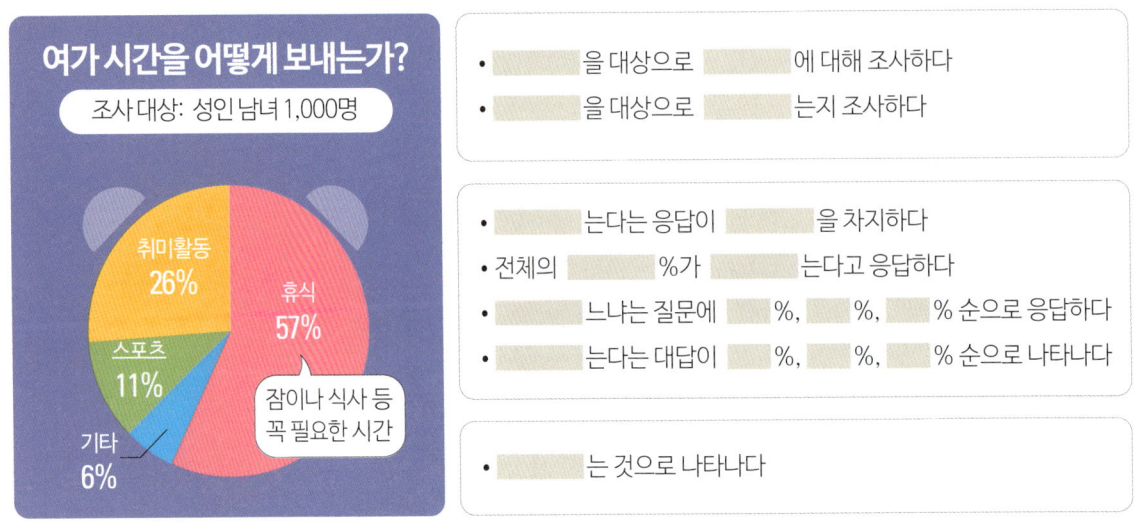

성인 남녀 천 명을 대상으로 여가 시간을 어떻게 보내고 있는지에 대해 조사했습니다. … 조사 결과 많은 사람들이 여가 시간에 특별한 활동을 하기보다는 쉬는 것으로 나타났습니다.

2 다음은 범위 또는 숫자를 나타내는 표현입니다. 상황에 맞는 표현을 골라 보세요.

과반수   미만   이상   이하   절반   1/3

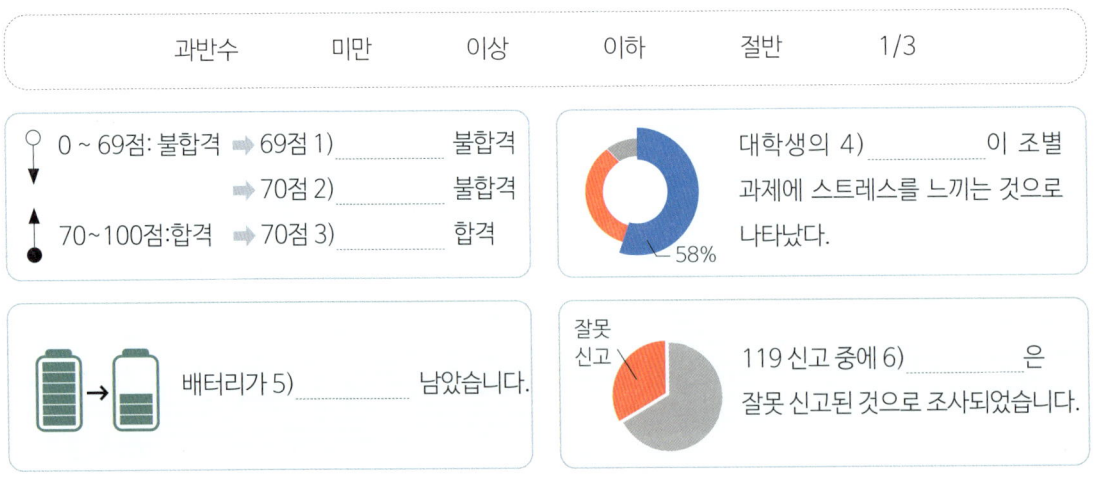

| 대상 subject | 조사하다 to survey | 차지하다 to account for | 응답하다 to answer | 순 order | 나타나다 to show up |
| 과반수 majority | 미만 under/below | 이상 and over | 이하 and below | 절반 half | 1/3 one third |

Speaking 7-1 말하기

준비 1 조건 때문에 달라지는 결과에 대해 이야기해 보세요.

> 가: **연령에 따라서** 좋아하는 운동에 차이가 있을까요?
> 나: 차이가 있는 것 같아요. 10대나 20대는 농구나 축구를 자주 하는 것 같고, 나이 든 분들은 산책이나 등산을 좋아하는 것 같아요.

조건	연령	나라	지역	적성	계절

결과	• 좋아하는 운동 • 자주 먹는 음식 • 받고 싶은 선물 • 잘할 수 있는 일 • 즐겨 듣는 음악

준비 2 출처를 밝혀서 정보를 전달해 보세요.

> 가: **LEI 뉴스에 의하면** 2020년에 세계에서 가장 많이 사용된 비밀번호가 '123456'이라고 해요.
> 나: 아직도 그렇게 쉬운 번호를 비밀번호로 쓴다니 믿을 수가 없네요.

1)
LEI 뉴스
2020년 세계에서 가장 많이 사용된 비밀번호는 '123456'

2)
조사 결과
청소년의 57%가 하루 평균 4시간 이상 휴대폰을 사용함

3)
SNU 연구 보고
연구 결과
화를 잘 내는 사람이 암에 더 쉽게 걸림

4)
정부 발표
대중교통을 무료로 이용할 수 있는 나이를 65세 이상에서 70세 이상으로 바꿀 예정

문법과 표현
명에 따라(서), 동-느냐에 따라(서), 형-으냐에 따라(서), 명이냐에 따라(서) ☞ 30쪽
명에 의하면 ☞ 32쪽

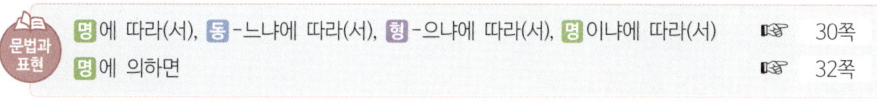

연령 age   출처 source   밝히다 to reveal   청소년 teenager   평균 average   암 cancer   정부 government   예정 plan

말하기 1 다음은 조사 결과를 전달하는 뉴스입니다. 역할을 나눠서 조사 결과를 전달해 보세요.

1. 어디에서 누구에게 조사를 했습니까?
2. 어떤 결과가 나왔습니까?

앵커: 한국인이 선호하는 길거리 음식은 무엇일까요? 인터넷 사이트 '서울사랑'의 조사 결과에 의하면 한국인이 찾는 간식은 계절에 따라 차이가 있었다고 합니다. 김윤우 기자의 보도입니다.

기자: 인터넷 사이트 '서울사랑'에서 한국인 성인 남녀 천 명을 대상으로 좋아하는 길거리 간식에 대해 조사했습니다. 가장 좋아하는 겨울철 간식이 뭐냐는 질문에 붕어빵이라는 응답이 40%로, 1위를 차지했습니다. 그리고 '어묵' 30%, '호떡' 13% 순으로 나타났습니다. 반면에 여름철 선호하는 간식으로는 42%의 응답자가 아이스크림, 38%의 응답자가 과일 주스라고 답해서 다섯 명 중 네 명이 시원한 간식을 선호하는 것으로 나타났습니다. 설문 조사 결과를 보면 계절에 따라 한국인이 선호하는 길거리 음식에 차이가 있다는 것을 알 수 있습니다.

길거리 street   선호하다 to prefer   겨울철 wintertime

1) 하루 동영상 시청 시간

- 조사 기관: LEI 미디어
- 조사 대상: 국내 휴대폰 사용자 2,000명

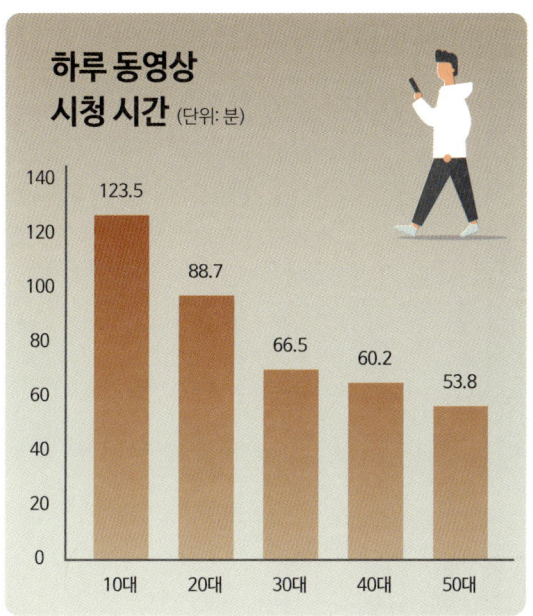

2) 선호하는 영화

- 출처: 영화진흥위원회
- 대상: 한국인 남녀 1,000명

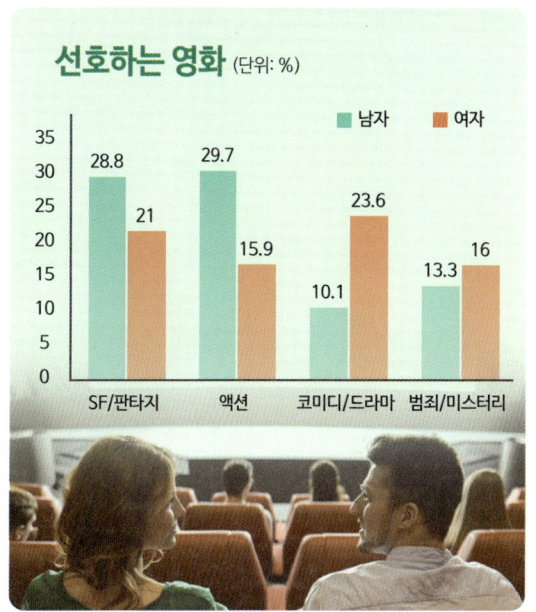

> 한국인이 선호하는 길거리 음식은 무엇일까요? 인터넷 사이트 '서울사랑'에 의하면….

> 인터넷 사이트 '서울사랑'에서 한국인 성인 남녀 천 명을 대상으로….

말하기 2 조사 결과를 어디에 활용하면 좋을 것 같습니까?

> 제 생각에는 새로운 과자를 개발할 때 한국인이 좋아하는 길거리 간식에 대한 조사 결과를 활용하면 좋을 것 같습니다.

시청 watching   활용하다 to utilize

준비 다음은 자주 마시는 음료수를 조사한 결과입니다. 그래프의 내용에 대해 이야기해 보세요.

듣기 1 다음은 두 친구의 대화입니다. 잘 듣고 질문에 답해 보세요.

1 남자가 소개한 조사 결과는 무엇에 대한 것입니까?

2 들은 내용과 같은 것에 표시하세요.

1) 한국 사람 중에서 아메리카노를 주로 마시는 사람은 (과반수였다 / 절반이었다).
2) 차나 음료수를 주로 마시는 사람은 10% (이상이었다 / 미만이었다).

듣기 2 다음은 소비 상품에 대한 뉴스입니다. 잘 듣고 질문에 답해 보세요.

1 뉴스를 듣고 알맞은 그래프를 고르세요.

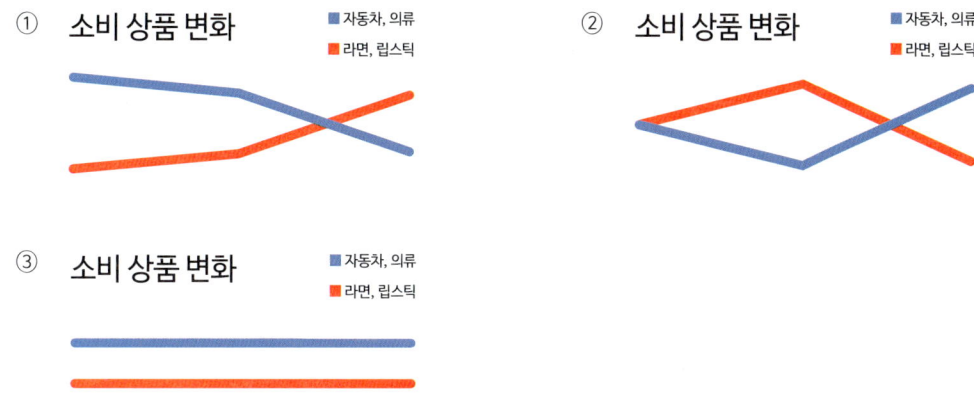

2 이러한 소비 경향이 나타난 이유는 무엇입니까?

듣기 3 다음은 소비에 대한 대담입니다. 잘 듣고 질문에 답해 보세요.

1 립스틱 효과는 무엇을 말합니까?

2 대담을 들은 후 보일 수 있는 반응으로 가장 적절한 것을 고르세요.

① 경제가 좋아지면 넥타이 판매가 늘어난대.
② 요즘같이 경제가 안 좋을 때는 자동차가 잘 팔리겠어.
③ 요즘 마트에서 라면이 많이 팔린다던데 경제가 안 좋아져서 그런가?

친구들과 이야기해 보세요.

- 경제 상황이나 계절에 따라 잘 팔리거나 덜 팔리는 물건이 있습니까?
- 여러분에게 경제 상황과 상관없이 꼭 필요한 물건은 무엇입니까? 그 물건의 가격이 오르면 어떻게 할 겁니까?

| 소비 consume | 의류 clothing | 경향 tendency | 연속 consecutive | 연구소 research institute | 각각 each |
| 만족감 satisfaction | 분석하다 to analyze | 통계청 Statistics Korea | 상반기 first half of the year | 끼니 meal | |

통계와 그래프

1 다음은 수량 변화와 관련된 어휘입니다. 그림을 보고 어떤 상황인지 이야기해 보세요.

| 늘어나다 | 증가하다 | 오르다 | 인상하다 | 늘리다 |
| 줄어들다 | 감소하다 | 내리다 | 인하하다 | 줄이다 |

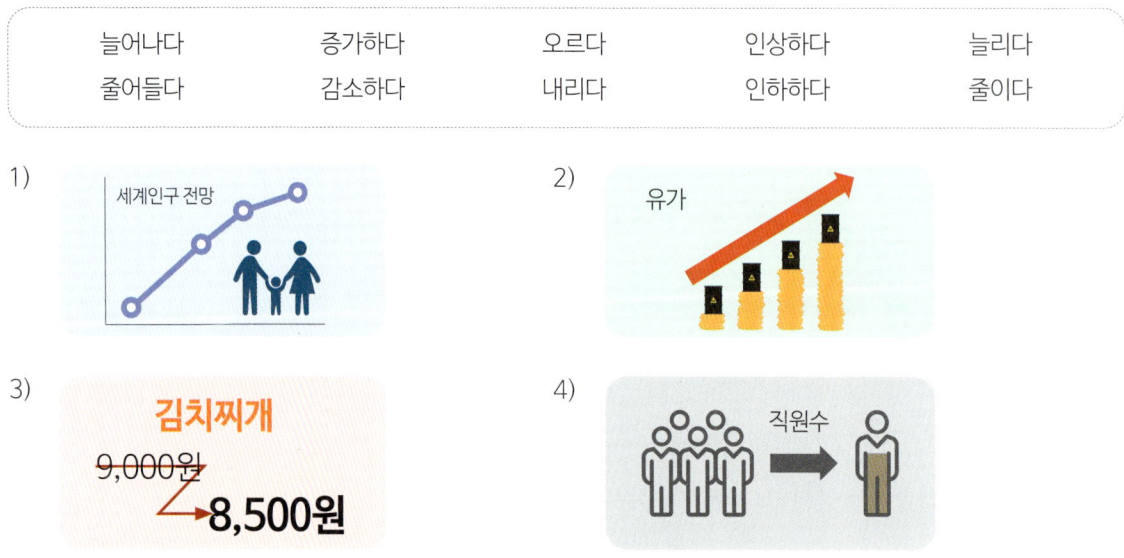

2 '-률'은 기준이 되는 수나 양에 대한 비교 값을 나타내는 표현입니다. 그림을 보고 이야기해 보세요.

경쟁률   비율   취업률   확률   환율

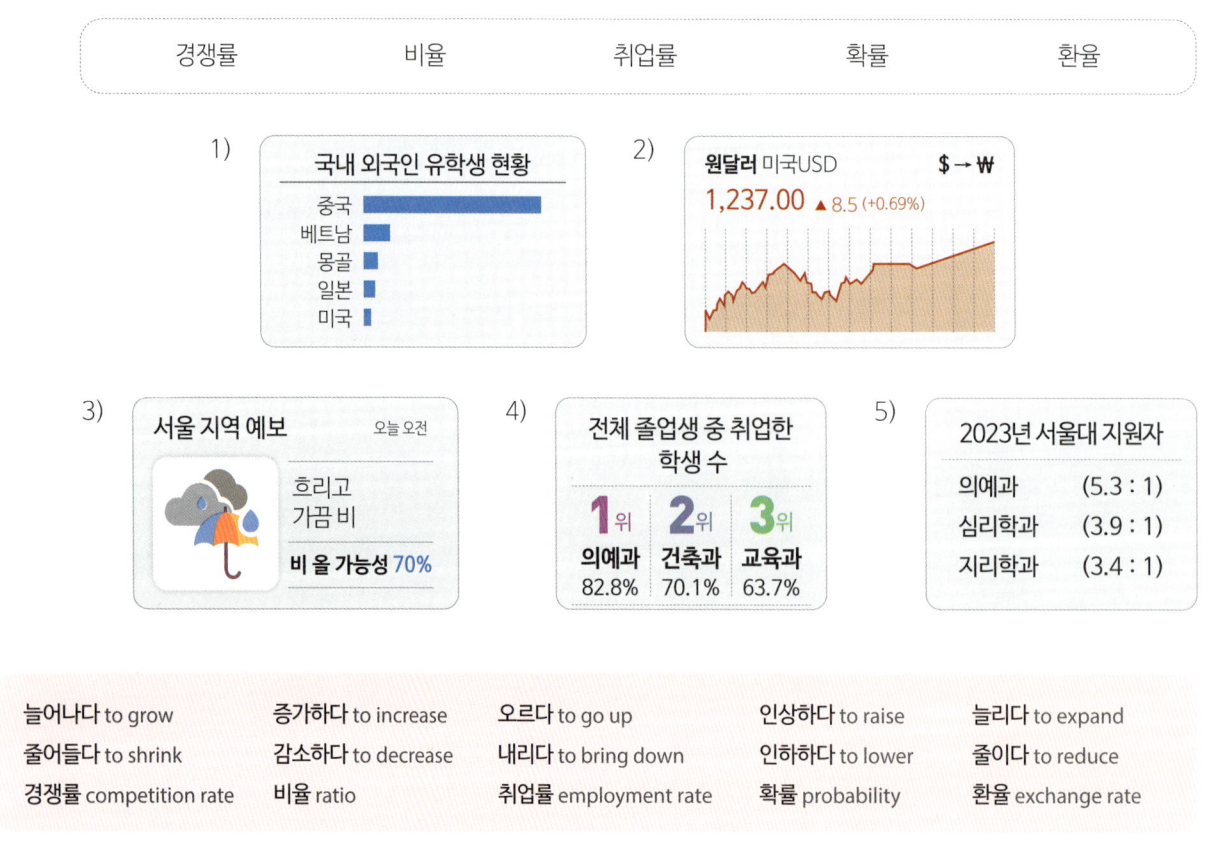

늘어나다 to grow   증가하다 to increase   오르다 to go up   인상하다 to raise   늘리다 to expand
줄어들다 to shrink   감소하다 to decrease   내리다 to bring down   인하하다 to lower   줄이다 to reduce
경쟁률 competition rate   비율 ratio   취업률 employment rate   확률 probability   환율 exchange rate

Reading 읽기 7-2

준비 다음은 쌀 구매량의 변화에 대한 그래프입니다. 정리해서 발표해 보세요.

한 사람이 1년에 구매하는 쌀의 양
(단위: kg)
- 1990: 119.6
- 2000: 93.6
- 2010: 72.8
- 2020: 57.7

통계청 자료

변화 원인: 밥을 직접 해 먹는 사람 ↓ / 외식하는 사람 ↑

_____을 통해 한국인 한 사람이 1년 동안 구매하는 쌀의 양이 꾸준히 줄어들고 있다는 것을 알 수 있습니다. 2020년의 1인당 쌀 구매량은 57.7kg으로 1990년의 119.6kg과 비교하면 _____에 불과합니다. 이렇게 쌀 구매량이 감소한 원인은 밥을 직접 해 먹는 사람이 _____ 반면에 외식이 _____ 때문인 것으로 보입니다.

문법과 표현
- 명 에 불과하다 ☞ 33쪽
- 명 을 통해(서) ☞ 34쪽

1인당 per person   구매량 purchase quantity

Reading 읽기 7-2

읽기 1 다음은 설문 조사 문항을 만드는 과정에 대한 설명문입니다. 잘 읽고 질문에 답해 보세요.

설문 조사 문항을 만들 때는 다음의 과정을 참고하면 효과적으로 작업할 수 있다.

먼저, 조사 목적을 명확하게 정한다. 내가 이 조사를 통해 알고 싶은 것이 무엇인지 생각해 보고 문장으로 정리해 본다. 예를 들면 '나는 유학생들이 한국 생활에 만족하는지 알고 싶다'와 같이 조사 목적을 문장으로 써 보는 것이다. 조사 목적을 정한 후에는 조사 대상을 누구로 할지, 몇 명에게 조사할지 미리 생각해 본다.

다음으로 조사 목적에 맞는 질문을 만든다. 질문은 '유학 생활에 만족합니까?'와 같이 대답하기 쉽도록 간단하게 만든다. 마지막으로 답항을 만드는데 '네', '아니요'로 간단하게 구성할지, '매우 만족한다', '만족한다', '보통이다', '만족하지 않는다'와 같이 답항이 정도에 따라 달라지게 할지 결정한다. 조사 인원이 많을 경우 나올 만한 답항을 미리 만들어 제시해서 응답자가 답을 고르도록 하는 것이 좋다. 주관식으로 답하게 하는 경우 너무 다양한 답이 나와서 답항 하나에 응답자 수가 한두 명에 불과한 경우도 생기기 때문이다.

1 조사 문항을 만들 때의 과정을 정리해 보세요.

조사 목적 정하기 ➡ _____ ➡ _____ ➡ _____

2 순서를 나타낼 때는 쓰는 표현을 찾아보세요.

먼저 ➡ _____ ➡ _____

문항 question   과정 process   참고하다 to refer   명확하다 to be clear   답항 answer   구성하다 to compose
응답자 respondent   주관식 short-answer question

읽기 2 다음은 통계 조사에 대한 기사입니다. 잘 읽고 질문에 답해 보세요.

통계청에서 조사한 결과에 의하면 한국인의 1인당 연간 쌀 구매량은 점차 줄어든 반면, 가공용 쌀 소비량은 증가한 것으로 나타났다. 1인당 연간 쌀 구매량은 한국인 한 명이 일 년 동안 직접 밥을 지어 먹는 쌀의 양을 나타낸다. 2020년의 1인당 쌀 구매량은 57.7kg으로, 1990년의 119.6kg의 절반에 불과했으며 가공용 쌀 소비량은 2013년 이후 증가하는 추세이다.

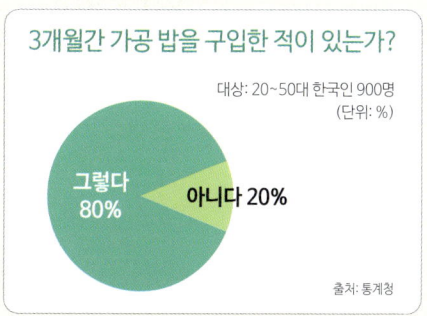
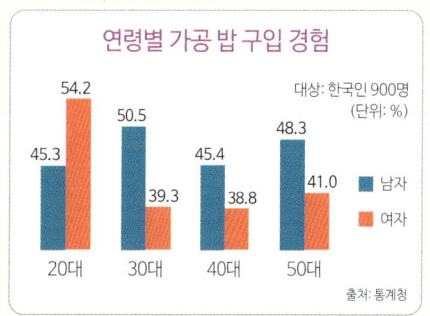

이 같은 쌀 구매량의 변화를 통해 집에서 직접 밥을 해 먹는 한국인의 비율이 줄고 있음을 알 수 있다. 실제로 20~50대 한국인 900명을 대상으로 3개월간 가공 밥을 구매한 적이 있는지 조사한 결과, 응답자의 80%가 구매 경험이 있다고 답해 가공 밥을 자주 접하는 것으로 나타났다. 가공 밥 구매율은 성별과 연령에 따라 다소 차이가 있었는데 20대 여성과 30대 남성의 가공 밥 구입 비율이 다른 연령보다 더 높았다.

이처럼 한국인의 쌀 구매량은 점점 감소하고 있으며 특히 젊은 세대는 바쁜 일상생활 때문에 직접 밥을 지어 먹기보다는 간편한 가공 밥을 선호한다는 것을 알 수 있다.

1 이 기사의 제목으로 가장 알맞은 것을 고르세요.

① 한국인의 쌀 구매량 다른 나라 절반에 불과
② 한국의 쌀 구매량 줄고 가공식품 이용 증가
③ 한국 20~30대 남녀, 가공식품 구입 경험 많아

2 이 기사의 내용과 같은 것을 고르세요.

① 최근 한국인 한 명이 구입하는 쌀의 양이 계속 감소하고 있다.
② 20대 여성보다 30대 남성이 쌀 가공식품을 더 많이 소비한다.
③ 1인당 쌀 구매량은 한국인 한 명이 가공식품으로 소비하는 쌀의 양이다.

 여러분 나라의 주식은 무엇입니까? 예전과 비교했을 때 주식의 소비량에 변화가 있습니까?

연간 yearly   점차 gradually   소비량 consumption amount   가공용 processing purpose   추세 trend   접하다 to encounter
다소 somewhat   이처럼 in this way

Writing 쓰기 7-2

준비 조사 결과를 정리할 때 어떤 내용이 포함되어야 하는지 이야기해 보세요.

☐ 조사 개요 ☐ 조사 기간 ☐ 분석 결과 ☐ 응답 내용

그래프를 보고 조사 결과에 대해 친구들과 이야기해 보세요.

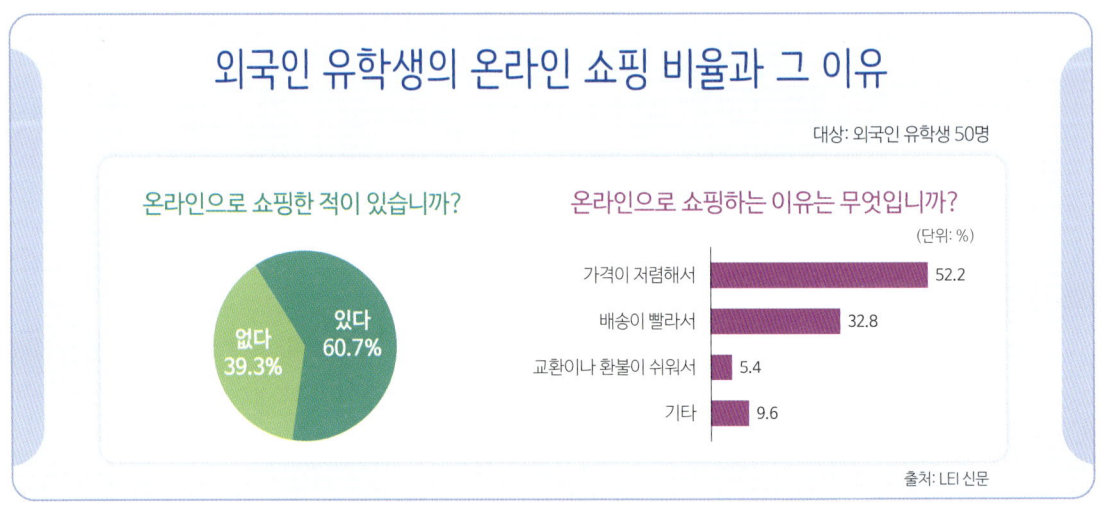

조사 개요	• 누구에게 조사했습니까? • 어떤 질문을 했습니까?	
응답 내용	• 어떤 응답이 나왔습니까?	
결과 분석	• 이 조사 결과를 보고 알 수 있는 것은 무엇입니까?	

쓰기 위에서 이야기한 것을 바탕으로 조사 결과를 정리해서 써 보세요.

💬 알고 싶은 주제에 대해 설문 조사를 하고 그래프로 정리해 보세요.

조사를 통해 알고 싶은 것은 무엇인가?	유학생들이 한국 생활에 만족하는지 알고 싶다.	
누구에게 조사할 것인가?	다양한 국적의 학생 20명	
알고 싶은 것을 조사하기 위해서는 어떤 질문을 할 것인가?	한국 생활에 만족합니까? 만족하는 이유는 무엇입니까?	
사람들이 응답할 것으로 예상되는 답은 무엇인가?	① 교통 ② 한국 사람 ③ 날씨 ④ 음식 ⑤ 기타	

준비 다음은 설문 조사를 할 때 사용하는 질문과 답항입니다. 여러분이 선택한 주제가 어떤 것과 어울리는지 찾아보세요.

네/아니요 (○/×) 질문

- 한국 생활에 만족합니까?
  ① 네   ② 아니요

객관식 질문

- 한국 생활에 만족하는 이유는 무엇입니까?
  ① 음식   ② 인터넷   ③ 대중교통   ④ 문화

정도 질문

- 한국 생활에 만족합니까?
  ① 아주 만족   ② 만족
  ③ 보통   ④ 불만족
  ⑤ 아주 불만족

주관식 질문

- 한국 생활에 만족하는 이유는 무엇입니까?
  (   )
- 한국 생활에 불만족하는 이유는 무엇입니까?
  (   )

7-2. 통계와 그래프

과제

1 질문을 만들고 설문 조사를 해 보세요.

이름 \ 질문	한국 생활에 만족합니까?	
마리	아주 만족	

2 설문 조사한 내용을 정리하고 그래프로 그려 보세요.

1004, 2424, 8282… 이 숫자는 무슨 의미일까요?

1004, 2424, 8282… 여러분은 이런 숫자를 본 적이 있습니까? 이 숫자들에는 어떤 의미가 있을까요? 1004는 '천사', 2424는 '이사', 8282는 '빨리빨리'라는 뜻입니다. 모두 숫자를 읽을 때의 발음에서 연상되는 단어입니다. 기부 단체에서는 전화번호로 1004를 많이 사용하고, 이삿짐센터는 '이사'라는 단어가 생각날 수 있도록 2424를 전화번호로 선호합니다. 또 사람들이 어떤 일을 빨리하라고 말하고 싶을 때 메시지로 8282라는 숫자를 써서 보냅니다. 여러분 나라에도 이런 특별한 뜻을 가진 숫자들이 있습니까?

발음 Pronunciation

붕어빵을 좋아한다는 응답이 40**%** [퍼센트]로 1위를 차지했습니다.

기호 %는 [퍼센트]라고 읽습니다. kg은 [킬로그램]이라고 읽습니다.

예) 한국 생활에 만족한다는 응답이 60**%**를 차지했습니다.
2020년의 1인당 쌀 구매량은 57.7**kg**으로 1990년의 절반에 불과했습니다.

자기 평가 Self-Check

☐ 조사 결과에 대해 설명할 수 있다.
☐ 그래프를 보고 분석하는 글을 쓸 수 있다.
☐ 알고 싶은 내용에 대해 설문 조사한 후 내용을 정리해서 그래프를 그릴 수 있다.

8

대중문화 Pop Culture

- **8-1** 스타와 대중문화
- **8-2** 대중문화의 영향

1 여러분이 좋아하는 스타는 누구입니까? 최근 그 스타는 어떤 활동을 하고 있습니까?
2 여러분은 좋아하는 스타의 영향을 받아서 바뀐 것이 있습니까?

스타와 대중문화

1 다음은 기분과 관련된 어휘입니다. 여러분은 언제 이런 기분을 느낍니까?

꿈만 같다 / 믿기지 않다 / 숨이 멎다
실감이 안 나다/실감 나다 / 심장이 터질 것 같다

2 유명인과 관련된 표현입니다. 여러분이 좋아하는 유명인에 대해 이야기해 보세요.

수상하다 · 인기를 끌다 · 주목을 받다 · 무대에 서다
작품에 출연하다 · 역할을 맡다 · 팀을 옮기다 · 새 앨범을 내다

꿈만 같다 to be like a dream
숨이 멎다 to not be able to breathe
심장이 터질 것 같다 heart is about to burst
인기를 끌다 to gain popularity
무대에 서다 to go on stage
역할을 맡다 to take on a role
새 앨범을 내다 to release a new album

믿기지 않다 to be unbelievable
실감이 안 나다/실감 나다 to not sink in/to sink in
수상하다 to be awarded
주목을 받다 to be in the limelight
작품에 출연하다 to appear in a movie/drama
팀을 옮기다 to change teams

Speaking 8-1 말하기

준비 1 가능성이 없다고 확신하는 일에 대해 이야기해 보세요.

> 가: 밖에 눈이 와요.
> 나: 무슨 소리예요? 여름에 **눈이 올 리가 없어요.**

상황
- 여름에 눈이 오다
- 사과를 먹었는데 맵다
- 단 음식이 건강에 좋다
- 가수의 공연이 이유 없이 취소됐다
- 노래를 못하는 친구가 오디션에서 우승했다

준비 2 다음 두 가지를 비교해서 이야기해 보세요.

> 가: 새로 산 의자는 어때요?
> 나: 써 봤는데요. 새로 산 게 **옛날에 쓰던 의자만 못한** 것 같아요. 앉아 보니까 좀 불편해요.

1)
새로 산 의자 < 옛날에 쓰던 의자

2)
새로 이사한 집 < 옛날에 살던 집

3)
유명한 식당의 음식 < 집에서 직접 만든 음식

4)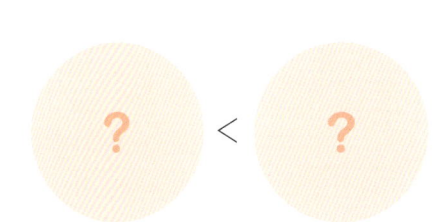
? < ?

문법과 표현
- 동/형 -을 리(가) 없다, 명 일 리(가) 없다 ☞ 35쪽
- 명 만 못하다 ☞ 37쪽

가능성 possibility   확신하다 to be certain

말하기 1

다음은 좋아하는 가수에 대한 대화입니다. 여러분이 좋아하는 유명인에 대해서 이야기해 보세요.

1. 여자에게 어떤 일이 있었습니까?
2. 여자는 가수를 만난 후에 가수에 대해 어떤 생각을 했습니까?
3. 여자는 왜 심장이 터질 것 같다고 생각했습니까?

민우: 어제 에릭 권 팬 미팅은 잘 다녀왔어?

제니: 그럼. 안 갔으면 후회할 뻔했어. 내 바로 앞에서 오빠가 이야기하는데 너무 멋있어서 숨이 멎는 줄 알았다니까?

민우: 그래? 실제로 보니까 어땠어? 방송으로 보던 거랑 똑같아?

제니: 화면이 실물만 못하더라고. 실제로 보니까 훨씬 더 잘생기고 목소리도 좋았어.

민우: 팬 미팅에서 새 앨범에 있는 노래도 공개했다면서? 노래는 어땠어?

제니: 노래는 너무 좋은데 오빠가 첫 팬 미팅이라 긴장해서 그랬는지 노래 부르는 게 평소만 못했어.

민우: 그랬구나. 팬 미팅에서 소원 이벤트도 했다면서? 네 소원은 이뤄졌어? 에릭 권이랑 사진 찍고 싶어 했잖아.

제니: 팬들이 적은 소원 쪽지를 몇 개 뽑아서 그 소원을 들어주는 건데 난 뽑힐 리가 없다고 생각했거든? 그런데 운 좋게 뽑혀서 악수도 하고 같이 사진도 찍었어.

민우: 와, 좋았겠네.

제니: 응. 정말 심장이 터질 것 같았어.

실물 in person   공개하다 to be dropped   긴장하다 to be nervous   쪽지 note   악수하다 to shake hands

유명인의 최근 상황
- 가수가 새 앨범을 냈다
- 아이돌 가수가 드라마에서 왕 역할을 맡았다
- 내가 좋아하는 작가의 웹툰이 영화로 만들어졌다
- 축구 선수가 해외팀으로 옮겼다

비교 상황
- 새 앨범 < 예전 앨범
- 연기 실력 < 춤 실력
- 영화 < 웹툰
- 해외에서의 실력 < 국내에서 뛸 때

향후 계획
- 결혼하다
- 해외 드라마에 출연하다
- 그 영화가 영화제에서 수상할 가능성이 있다
- 다음 경기 후에 은퇴하다

가수 에릭 권이 새 앨범을 냈대. 들어 봤어?

결혼한다는 소문이 있던데. 그래서 그런지 이번 앨범엔 신경을 많이 못 썼나 봐.

그럼. 팬인데 당연히 들어 봤지.
그런데 새 앨범은 **예전 앨범만 못하더라**.

사귀는 사람도 없는데 **결혼할 리가 없어**.

말하기 2 여러분이 좋아하는 연예인이나 작가, 운동선수 등의 근황에 대해 이야기해 보세요.

예전 former   은퇴하다 to retire   근황 current situation

 Listening 8-1

듣기

준비 여러분이 관심을 가지고 있는 영화제에 대해 이야기해 보세요.

영화제가 언제 열렸어요?

어떤 영화가 상을 받았어요?

듣기 1 다음은 영화제 관련 뉴스입니다. 잘 듣고 질문에 답해 보세요.

1 들은 내용과 같은 것을 고르세요.

① 이 영화는 소개되자마자 인기를 끌었다.
② 이 영화는 모두 네 개 부문에서 수상했다.
③ 이 영화는 원작보다 낫다는 평가를 받았다.

2 수상 소식을 들은 배우는 어떤 반응을 보였습니까?

듣기 2 다음은 영화에 대한 대화입니다. 잘 듣고 질문에 답해 보세요.

1 두 사람이 이야기한 것을 모두 고르세요.

☐ 영화배우   ☐ 영화감독   ☐ 영화 의상   ☐ 영화 음악   ☐ 영화의 원작

2 여자의 생각으로 맞지 않는 것을 고르세요.

① 원작 소설이 영화보다 더 재미있었다.
② 배우들이 연기를 잘했고 의상도 좋았다.
③ 여자 주인공이 생각보다 노래를 잘해서 놀랐다.

부문 category   원작 original work   꼽히다 to be in ranking   여우주연상 best actress award
입소문을 타다 to spread through word of mouth   관계자 official   다수 majority   예상을 깨다 to break expectations   의상 costume

듣기 3 다음은 영화배우의 인터뷰입니다. 잘 듣고 질문에 답해 보세요.

1. **여자의 수상 소감은 무엇입니까?**

   ① 상을 받았다는 것이 믿기지 않습니다.
   ② 제 노래에 대한 반응이 좋아서 당황스럽습니다.
   ③ 제가 상을 받은 것은 감독님과 상대 배우 덕분입니다.

2. **이 인터뷰를 들은 팬의 반응으로 적절하지 않은 것을 고르세요.**

   ① 우리 지영 언니는 연기도 잘하고 겸손하기까지 해.
   ② 이 배우는 외모에 대해 칭찬 받는 걸 즐기는 것 같아.
   ③ 지영 씨가 노래를 잘하는지 몰랐는데 나도 한 번 들어 봐야겠네.

친구들과 이야기해 보세요.

- 여러분이 좋아하는 배우, 가수, 운동선수 등이 상을 받은 적이 있습니까?
- 그 사람은 어떤 상을 받았습니까?
- 여러분이 그 배우, 가수, 운동선수였다면 어떤 소감을 이야기하겠습니까?

후보 candidate   워낙 so   몸 둘 바를 모르다 to not know how to react   겸손하다 to be humble

대중문화의 영향

1 다음은 스타의 영향과 관련된 표현입니다. 여러분은 스타에게서 어떤 영향을 받았습니까?

위로를 받다 · 용기를 얻다 · 즐거움을 얻다
영향력이 커지다 · 관심을 끌다 · 유행을 이끌다

2 '무-'는 '없다'는 뜻입니다. 상황에 맞는 표현을 연결해 보세요.

1) 제 친구는 운동에 관심도 없고 재미도 없나 봐요. • • 무소식
2) 시험이 끝났으니까 지금 공부해도 소용이 없겠죠? • • 무조건
3) 우리 부모님은 제가 하는 일을 항상 응원해 주세요. • • 무관심하다
4) 키우던 강아지를 멀리 데려가서 버리는 사람이 있대요. • • 무의미하다
5) 유학 간 친구한테서 연락이 없는데 잘 지내고 있겠죠? • • 무책임하다

위로를 받다 to be comforted 용기를 얻다 to gain courage 즐거움을 얻다 to get pleasure
영향력이 커지다 to become more influential 관심을 끌다 to attract attention 유행을 이끌다 to lead trends
무소식 no news 무조건 unconditionally 무관심하다 to be indifferent
무의미하다 to be meaningless 무책임하다 to be irresponsible

읽기

준비 다음은 대중문화를 즐기는 방법의 변화에 대한 그림입니다. 정리해서 발표해 보세요.

1990년

2020년

2045년

여러분은 좋아하는 스타를 어떻게 만납니까? 과거에는 가족이 모두 텔레비전 앞에 모여 공연이나 드라마를 봤지만 지금은 자신의 스마트폰을 _____ **은 채로** 각자 좋아하는 가수나 스포츠 선수를 찾아봅니다. 미래에는 어떨까요? 집에서 영상을 보여주는 _____ **은 채로** 비대면 콘서트에서 스타를 만나게 될지도 모릅니다. 저는 이런 상상들이 _____ **는다 싶습니다.**

문법과 표현
- 동-은 채(로) ☞ 38쪽
- 동-는다 싶다, 형-다 싶다, 명이다 싶다 ☞ 39쪽

읽기 1 다음은 연예인에 대한 기사와 댓글의 일부입니다. 잘 읽고 질문에 답해 보세요.

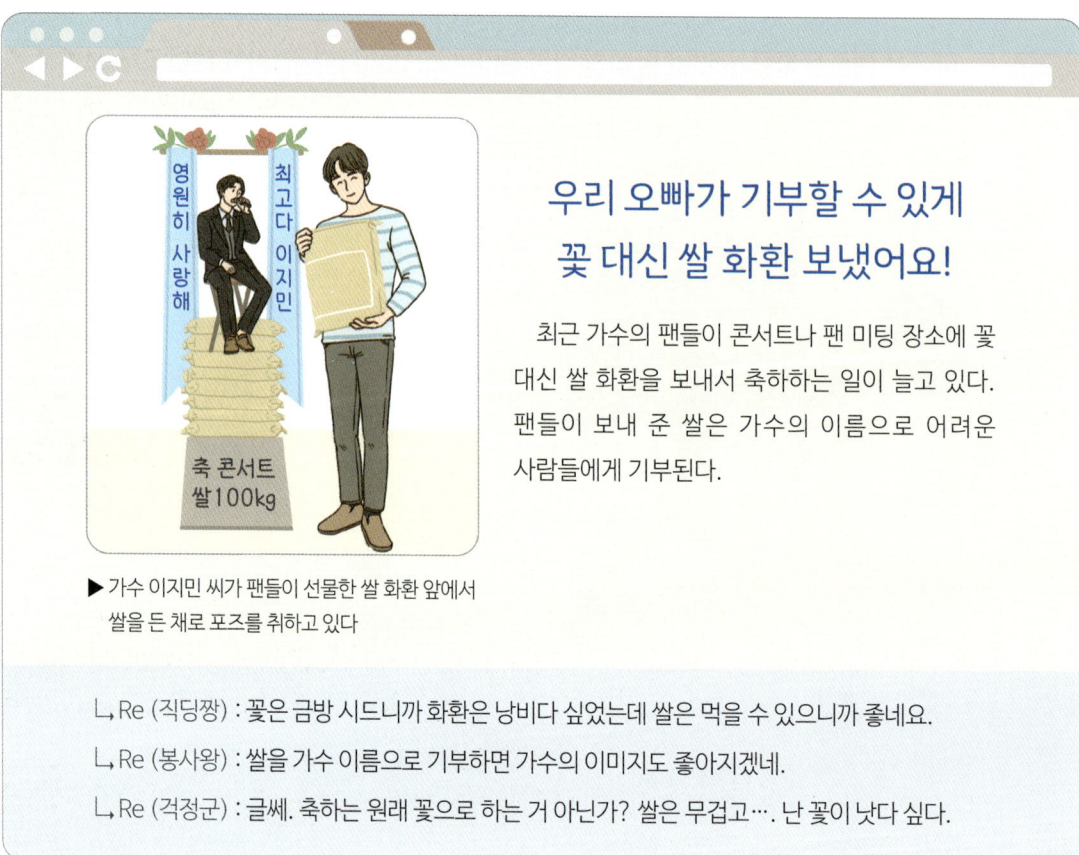

▶ 가수 이지민 씨가 팬들이 선물한 쌀 화환 앞에서 쌀을 든 채로 포즈를 취하고 있다

┗ Re (직딩짱) : 꽃은 금방 시드니까 화환은 낭비다 싶었는데 쌀은 먹을 수 있으니까 좋네요.
┗ Re (봉사왕) : 쌀을 가수 이름으로 기부하면 가수의 이미지도 좋아지겠네.
┗ Re (걱정군) : 글쎄. 축하는 원래 꽃으로 하는 거 아닌가? 쌀은 무겁고…. 난 꽃이 낫다 싶다.

1 어떤 일이 있었습니까?

2 이 일에 대한 사람들의 의견은 무엇입니까?

직딩짱	
봉사왕	
걱정군	

댓글 comment   기부하다 to donate   화환 wreath   포즈를 취하다 to strike a pose   시들다 to wilt   낭비 waste   이미지 image

읽기 2 다음은 스타와 팬에 대한 칼럼입니다. 잘 읽고 질문에 답해 보세요.

스타는 사람들에게 큰 영향을 미친다. 사람들은 스타를 보며 즐거움을 얻고 힘든 일이 있을 때 위로를 받는다. 스타에 무관심한 사람도 운동선수들이 어려운 경기에서 좋은 성과를 낸 것을 보고 힘을 얻는 경우가 있다. 이렇게 스타는 영화배우나 가수만을 말하는 것이 아니다. 운동선수, 프로게이머도 사람들에게 영향을 주는 스타가 될 수 있다.

스타의 영향력은 대단하다. 스타가 광고하는 상품은 유행을 이끌며 스타의 말과 행동은 사람들의 관심을 끈다. 스타를 좋아하는 팬들은 스타의 작은 행동 하나하나에 주목하고 따라 한다. 예전에 한 가수가 옷에 달린 꼬리표를 떼지 않은 채로 입고 다닌 적이 있었다. 지금 보면 이상하다 싶지만 이런 옷차림이 당시에 크게 유행한 것을 보면 스타의 영향력을 실감할 수 있다.

최근에는 팬 문화가 발전하면서 팬들이 스타에게 영향을 주기도 한다. 예를 들어 가수의 콘서트장에 팬들이 축하의 의미로 쌀 화환을 보내는 경우가 늘고 있다. 가수의 이름으로 쌀을 기부하도록 해서 가수의 이미지를 긍정적으로 만들기 위한 것이다. 팬클럽이 직접 나서서 스타와 함께 봉사활동을 하는 경우도 있다. 지하철역이나 버스에 스타의 생일을 축하하는 광고를 내서 자신이 좋아하는 스타를 다른 사람에게 알리기도 한다.

이처럼 팬들이 스타에게 미치는 영향력이 점점 커지고 있다. 무조건 스타의 모든 것을 따라 하던 기존의 팬 문화에서 한 걸음 더 발전했다고 볼 수 있다. 서로에게 미치는 영향력이 큰 만큼 앞으로도 스타는 좋은 행동으로 대중에게 긍정적인 영향을 미치고, 팬들도 발전적인 팬 문화를 만들어 가기를 바란다.

1 이 글의 중심 내용은 무엇입니까?

① 시대별로 유행한 스타일의 변화
② 스타와 팬이 서로에게 미치는 영향
③ 사람들에게 인기가 있는 스타의 유형

2 이 글의 내용과 일치하는 것은 무엇입니까?

① 스타는 보통 영화배우나 가수를 의미한다.
② 스타들이 자신을 알리기 위해 지하철에 광고를 하기도 한다.
③ 스타의 이미지가 좋아지도록 팬들이 스타와 봉사활동을 한다.

💬 **여러분은 좋아하는 스타를 따라 하거나 스타를 위해 특별한 일을 한 적이 있습니까? 친구들과 이야기해 보세요.**

성과 outcome   꼬리표 tag   당시 at that time   실감하다 to actually feel   기존 existing   발전적이다 to be developmental

Writing 쓰기 8-2

준비 여러분은 댓글을 써 본 적이 있습니까? 보통 언제 댓글을 씁니까?

☐ 기사의 내용에 틀린 것이 있을 때 ☐ 영상을 만든 사람과 내 의견에 차이가 있을 때
☐ 기사의 내용과 같은 생각을 했을 때 ☐ 영상을 만든 사람이 모르고 있는 것을 알려줄 때

다음은 스타와 팬의 영향에 대한 칼럼을 요약한 메모입니다. 칼럼의 내용에 대해 친구와 이야기해 보세요.

스타가 사람들에게 미치는 영향	스타의 영향력을 보여주는 예	팬이 스타에게 미치는 영향	새로운 팬 문화가 등장한 만큼 스타와 팬이 서로에게 좋은 영향을 미치기 바람
• 즐거움을 얻음 • 위로를 받음 • 힘을 냄	• 광고 • 말과 행동 • 옷차림	• 쌀 화환 • 봉사활동 • 지하철 광고	

쓰기 위에서 이야기한 것을 바탕으로 칼럼에 대한 댓글을 써 보세요.

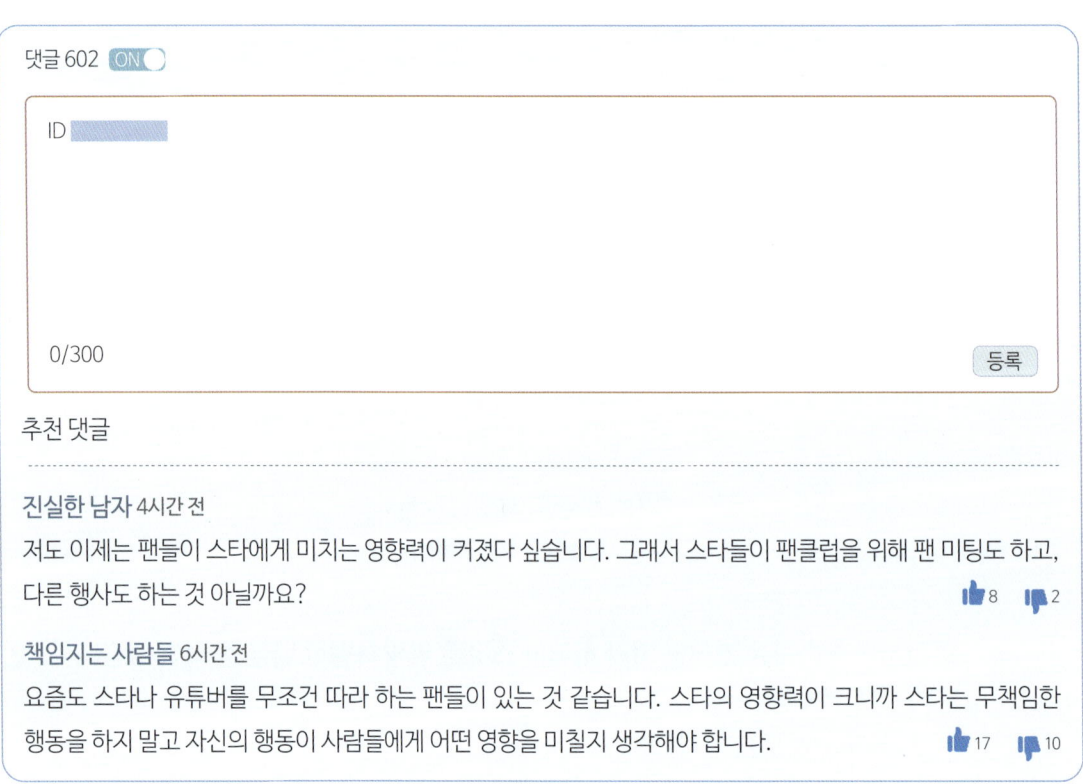

🗨 **리포터가 되어 유명인을 인터뷰해 보세요.**

이번에 영화제에서 수상하셨는데 수상 소감 부탁드립니다.

준비 다음은 인터뷰를 할 때 질문할 수 있는 내용입니다. 내가 유명인이 되었다면 어떻게 대답할지 메모해 보세요.

시작과 근황	인상적이었던 활동
• 최근 팀을 옮겼다고 들었는데요. • 최근 새로운 영화를 찍으셨다고 들었는데요. • 최근 새 앨범을 발표하셨다고 들었는데요.	• 가장 기억에 남는 경기는 언제였습니까? • 가장 어려웠던 작품은 무엇이었습니까? • 가장 힘들었던 공연은 무엇이었습니까?

계획	마무리
• 앞으로 어떤 계획을 가지고 계십니까?	• 마지막으로 팬분들께 하시고 싶은 말씀 있으시면 해 주시기를 바랍니다.

1 유명인이 되었다고 상상하고 자신에 대해 메모해 보세요.

근황	
작품/경기/공연	
계획	

2 친구를 인터뷰하고, 인터뷰 내용을 메모해 보세요.

3 인터뷰한 내용을 정리하고 발표해 보세요.

> 저는 이번에 3집 앨범을 발표한 가수 닛쿤 씨를 인터뷰하고 왔습니다. 이번 앨범은 10대부터 80대까지 모두 다 편안하게 들을 수 있도록 쉬운 가사와 멜로디로 만든 것이 특징이라고 합니다. 가장 기억에 남는 공연은 작년 자라섬 재즈 페스티벌이라고 했는데요, 그때 비가 오는데도 팬들이 끝까지 공연을 즐겨 준 것이 기억에 남는다고 했습니다. 또한 다음 앨범에서는 새로운 장르의 음악을 하고 싶다고 합니다. 가수 닛쿤 씨에게 앞으로도 많은 사랑과 관심 부탁드립니다. 감사합니다.

문화 / Culture

'팬덤'을 아시나요?

팬덤은 가수, 배우, 운동선수 같은 유명인이나 집단, 상품을 좋아하는 사람들을 의미합니다. 한국에서는 1980년대 '조용필'이라는 가수의 팬클럽이 팬덤 문화의 시작이라고 보는 사람들이 많습니다. 이후 1990년대 '서태지와 아이들'이 팬덤 문화를 주도했으며, 2000년대 이후에 아이돌 그룹이 생겨나면서 팬덤은 대중문화의 중심이 되었습니다.

최근에는 인터넷과 에스엔에스(SNS)의 발달로 대중문화를 넘어 정치 등 여러 분야로 팬덤 문화가 확산되면서 현대 사회의 중요한 문화 현상으로 자리 잡았습니다. 여러분도 팬덤 문화를 즐기고 있습니까?

발음 / Pronunciation

정말 심장이 **터질 것 [터질 껃]** 같았어.

'-을' 뒤에 오는 'ㄱ, ㄷ, ㅂ, ㅅ, ㅈ'은 [ㄲ, ㄸ, ㅃ, ㅆ, ㅉ]로 발음합니다.

예) 그 가수를 만나서 숨이 멎을 것 같았어요.
라면을 덜 먹는 게 건강에 도움이 될 거예요.

자기 평가 / Self-Check

☐ 자신이 좋아하는 스타의 근황에 대해 소개할 수 있다.
☐ 인터넷 글에 대한 댓글을 쓸 수 있다.
☐ 공식적인 인터뷰를 할 수 있다.

9 스포츠의 세계 World of Sports

- **9-1** 흥미진진한 경기
- **9-2** 경기와 규칙

1 여러분 나라에서 인기 있는 운동 경기는 무엇입니까?
2 그 경기의 규칙을 설명할 수 있습니까?

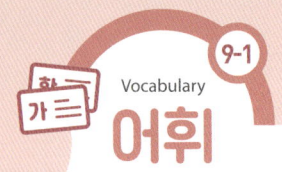

흥미진진한 경기

1 다음은 승부와 결과에 대한 표현입니다. 여러분이 최근에 본 경기에 대해 이야기해 보세요.

- 승부가 나다
- 비기다
- 무승부로 끝나다
- 역전하다
- 연장전을 하다
- 예선에서 탈락하다
- 결승전에 진출하다

2 다음은 운동 경기의 내용에 대한 표현입니다. 운동 경기 중 어떤 상황에서 사용할 수 있습니까?

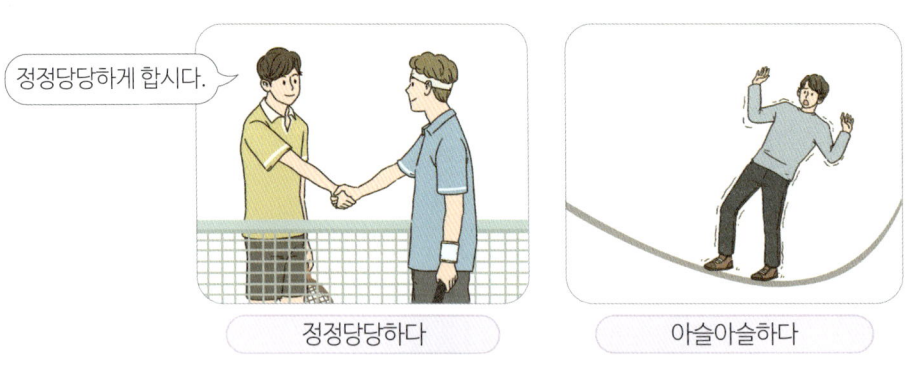

정정당당하다 / 아슬아슬하다

흥미진진하다

우왕좌왕하다

고만고만하다

승부가 나다 win and loss is determined 비기다 to tie 무승부로 끝나다 to end in a draw
역전하다 to win from behind 연장전을 하다 to go into overtime 결승전에 진출하다 to make it to the finals
예선에서 탈락하다 to be eliminated 정정당당하다 to be fair and square 아슬아슬하다 to be a close call
흥미진진하다 to be exciting 우왕좌왕하다 to move in confusion 고만고만하다 to be almost the same

말하기 (Speaking) 9-1

준비 1 달라지지 않을 결과에 대해 이야기해 보세요.

어떤 일을 해도 결과가 달라지지 않을 때	해 보지 않아도 결과를 예상할 수 있을 때
• 피곤한데 친구가 비타민을 먹으라고 할 때 • 폭우가 내리는데 친구가 작은 우산을 쓰려고 할 때 • 짐이 많은데 친구가 작은 상자를 빌려주겠다고 할 때 • 옷 정리를 시작했는데 룸메이트가 청소기를 돌린다고 할 때	• 농구를 잘하는 소날과 점심 내기 농구 시합을 하겠다는 친구에게 • 점심시간에 학교 사무실에 가려는 친구에게 • 재미없다고 소문 난 영화를 보겠다는 친구에게 • 한자를 모르는데 한자가 많이 나오는 책을 읽겠다는 친구에게

가: 크리스 씨, 피곤해 보여요. 비타민 먹을래요?
나: 비타민은 **먹으나 마나예요**. 빨리 끝내고 쉬어야겠어요.

가: 소날 씨랑 농구 시합을 해서 진 사람이 점심을 사기로 했어요.
나: 소날 씨가 얼마나 농구를 잘하는데요. **해 보나 마나** 민수 씨가 점심을 사게 될 거예요.

준비 2 일어날 수 있는 부정적인 상황을 이야기해 보세요.

가: 민수 씨가 우리한테 맛있는 거 만들어 준다고 하면서 벌써 네 시간째 요리를 하고 있어요.
나: 배가 너무 고픈데…. 제 생각에는 민수 씨가 만든 걸 **먹기는 틀린 것 같아요**.

1) 민수 씨가 벌써 네 시간째 요리 중…. 못 먹을 것 같아….
2) 친구가 왜 안 오지? 기차는 벌써 도착했는데….
3) 퇴근 시간이 지났는데 오늘까지 끝내야 되는 일이….
4) 가방도 사고…. 카메라도…. 친구가 이사를 간다더니 돈을 너무 많이 쓰네….

문법과 표현
동-으나 마나 → 40쪽
동-기는 틀렸다 → 41쪽

내기 bet 시합 match

Speaking 말하기 9-1

말하기 1 다음은 경기 결과에 대한 대화입니다. 다음 상황의 결과를 예상해서 이야기해 보세요.

1 두 사람은 무엇에 대해 이야기하고 있습니까?
2 두 사람은 경기 전에 어떤 예상을 했습니까?
3 경기 결과는 두 사람의 예상과 같았습니까?

자밀라: 어제 한국대와 우리 학교의 축구 경기가 있었다면서? 어떻게 됐어?

에 릭: 우리 학교가 간신히 이겼어.

자밀라: 간신히 이겼다고? 한국대 선수들 중에 잘하는 선수는 부상을 당해서 경기에 못 나올 거라고 했잖아. 난 경기를 해 보나 마나 우리 학교가 큰 점수 차로 이길 거라고 생각했는데….

에 릭: 나도 그럴 줄 알았어. 상대 팀에서 잘하는 선수를 빼면 다른 선수들은 실력이 고만고만하니까.

자밀라: 그런데 뭐가 문제였던 거야?

에 릭: 우리 팀 선수들이 실수를 많이 했어. 경기 끝나기 십 분 전까지 0:1로 지고 있었는데 상대 팀한테 공도 뺏기고, 골대 앞에서 우왕좌왕하고…. 아휴, 나는 우리 학교가 이기기는 틀렸다고 생각했다니까.

자밀라: 그런데 십 분 동안 승부가 난 거야?

에 릭: 응. 연속으로 두 골이나 넣어서 역전했어. 마지막 골은 경기 끝나기 십 초 전에 넣은 거 있지?

자밀라: 정말 아슬아슬하게 이겼네.

에 릭: 그러게 말이야.

간신히 barely   부상을 당하다 to be injured   뺏기다 to be intercepted   골대 goalpost   연속으로 consecutively
골을 넣다 to score a goal

상황
- 축구 경기를 한다
- 기한이 지났는데 과제를 내도 되는지 궁금하다
- 유진이가 운전면허 시험을 본다고 들었다
- 결승전 표를 무료로 준다

결과에 대한 확신
- 우리 팀이 이기다
- 마감일이 지나서 과제 점수를 못 받는다
- 연습을 안 해서 시험에 떨어질 것이다
- 사람이 많아서 표를 받기가 어려울 것이다

부정적인 예상
- 부상당한 선수가 많아서 이길 수 없다
- 좋은 성적을 받을 수 없을 것이다
- 유진이가 운전하는 차를 탈 수 없다
- 직접 경기를 볼 수 없다

> 축구 경기를 한다면서? 어떻게 될까?

> 글쎄, 부상당한 선수가 많아서 우리 팀이 **이기기는 틀린 것 같아**.

> **해 보나 마나** 우리 팀이 이길 거야.

말하기 2 여러분은 다음과 같은 상황에서 어떤 결과를 예상할 수 있습니까?

- 여자 또는 남자 친구가 있는 사람에게 고백하는 상황
- 프로 축구팀과 고등학교 축구부가 경기를 하는 상황
- 9시 수업인데 8시 50분에 일어난 상황
- 취업 경쟁률이 높은 회사의 면접에서 대답을 한 마디도 못 한 상황

> 선배를 너무 좋아하는데 여자 친구가 있어요. 선배를 좋아한다고 고백해 보나 마나….

듣기 (Listening) 9-1

준비 여러분의 예상과 달랐던 스포츠 경기가 있습니까? 어떻게 달랐는지 이야기해 보세요.

승부
- 우승을 하다
- 승부가 나다
- 연장전을 하다
- 무승부로 끝나다

경기 내용
- 아슬아슬하다
- 흥미진진하다
- 실력이 고만고만하다
- 선수들이 우왕좌왕하다

어제 농구 경기에서 쉽게 승부가 날 줄 알았는데 아슬아슬하게 이겼어요.

듣기 1 다음은 핸드볼 경기 중계방송입니다. 잘 듣고 질문에 답해 보세요.

1. 여자는 경기 결과를 어떻게 예상합니까?

2. 들은 내용과 같은 것을 고르세요.
   ① 두 팀은 후반전에서 승부를 내지 못했다.
   ② 한국대 팀에는 부상을 당한 선수가 있다.
   ③ 서울대 팀은 작년 대회에서 우승을 했다.

듣기 2 다음은 스포츠 중계 예고입니다. 잘 듣고 질문에 답해 보세요.

1. 경기를 하는 나라는 어느 나라입니까?

2. 들은 내용과 같은 것을 고르세요.
   ① 한국 시간으로 밤 열 시에 중계될 예정이다.
   ② 현재 한국의 국가대표인 박영성 선수가 해설을 맡았다.
   ③ 외국에서 활동하는 한국 선수들은 경기에 나오지 않는다.

중계 broadcast　　후반전 second half　　체력이 떨어지다 lose strength　　결정적이다 to be crucial　　8강 quarterfinals
출전하다 to participate in　　해설을 맡다 to be in change of commentary

듣기 3 다음은 스포츠 관련 뉴스입니다. 잘 듣고 질문에 답해 보세요.

1 뉴스를 듣고 알 수 없는 것은 무엇입니까?

① 멕시코와 한국의 경기 장소
② 노르웨이와 한국의 경기 결과
③ 오늘 경기에서 골을 넣은 선수

2 인터뷰 내용과 일치하는 것은 무엇입니까?

① 이 선수는 멕시코전에서 이기기 어렵다고 생각한다.
② 멕시코전에서 진다면 8강에 진출하기가 어렵다고 생각한다.
③ 한국 팀이 노르웨이와의 경기에서 자기 실력을 발휘했다고 생각한다.

친구들과 이야기해 보세요.

- 지금까지 본 스포츠 경기 중 가장 흥미진진했던 경기는 무엇입니까?
- 여러분이 좋아하는 스포츠 경기에서 승부가 나지 않으면 어떻게 합니까?
- 그 스포츠 경기에서 하면 안 되는 것은 무엇입니까?

부담감 burden   발휘하다 to display   종료 end   차분하다 to be calm   각오 determination   만약 if   맞붙다 to play against

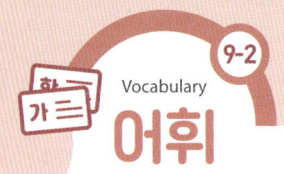

경기와 규칙

1 다음은 경기 방법에 대한 표현입니다. 여러분이 좋아하는 스포츠는 어떻게 해야 승부가 나는지 이야기해 보세요.

- 득점하다
- 실점하다
- 공격하다
- 공격을 막다/수비하다
- 기록을 측정하다
- 기록을 비교하다
- 점수를 매기다

2 다음은 경기 규칙에 대한 표현입니다. 여러분이 좋아하는 스포츠에는 어떤 규칙이 있는지 이야기해 보세요.

규칙을 지키다 / 반칙을 하다 / 경고를 받다/주다
퇴장을 당하다 / 선을 밟다 / 그물(네트)에 닿다

득점하다 to score a point 실점하다 to lose a point 공격하다 to play offense
공격을 막다/수비하다 to play defense/to defend 기록을 측정하다 to measure a record 기록을 비교하다 to compare records
점수를 매기다 to give marks 규칙을 지키다 to obey the rules 반칙을 하다 to make a foul
경고를 받다/주다 to receive/give a warning 퇴장을 당하다 to be ejected 선을 밟다 to step on the line
그물(네트)에 닿다 to touch the net

읽기

준비 다음은 한국인이 좋아하는 운동을 조사한 표입니다. 표를 보고 이야기해 보세요.

한국인이 좋아하는 운동

		10~20대	30~40대	50대 이상
남성	1위	축구	축구	등산
	2위	농구	야구	축구
	3위	야구	등산	야구
여성	1위	수영	수영	등산
	2위	배드민턴	등산	걷기
	3위	요가	걷기	수영

- 조사 기관: 한국스포츠협회
- 조사 대상: 13세 이상 남녀 1,700명

한국 사람들은 어떤 운동을 좋아할까요? 한국에서 남자들에게 가장 인기가 있는 운동은 축구입니다. 축구는 한국의 남자들에게 _____**으로서** 아이부터 어른까지 모두 좋아합니다. 축구는 남성이 좋아하는 운동에서 1위를 _____**으나** 여성이 좋아하는 운동 3위 안에는 들지 않았습니다. 반면에 여성들은 대부분 _____는 것으로 나타났습니다.

문법과 표현
- 명 으로(서) ☞ 42쪽
- 동 형 -으나, 명 이나 ☞ 43쪽

9-2. 경기와 규칙 159

읽기 1 다음은 태권도를 검색한 내용입니다. 잘 읽고 질문에 답해 보세요.

세계인이 즐기는 태권도

태권도는 한국의 전통 무술로서 한국뿐만 아니라 전 세계에서 즐기는 운동이다. 태권도는 택견이라는 옛날 무술에서 시작되었으며 1950년대에 현재와 같은 형식으로 발전했다. 전 세계 사람들에게 알려진 것은 얼마 안 되었으나 2000년부터 올림픽 정식 종목이 되었고 세계적으로 인기를 끌고 있다. 현재 200여 국가에서 1억 명이 넘는 사람들이 태권도를 배우고 있다. 태권도는 모든 사람이 즐길 수 있는 운동으로서 어린이의 성장, 성인의 체력 강화와 건강 유지에 효과적이다. 뿐만 아니라 스트레스 해소에도 큰 도움을 준다고 알려져 있다.

1 태권도의 장점은 무엇입니까?

2 태권도에 대한 설명으로 맞는 것을 고르세요.

① 올림픽에서 메달을 딸 수 있는 종목이다.
② 많이 알려졌지만 배우는 사람은 많지 않다.
③ 태권도는 다른 종목과 비교하면 역사가 짧다.

무술 martial arts   택견 traditional Korean martial arts   세계인 people around the world   형식 form   정식 official   종목 event
성장 growth   강화 strengthening   해소 relief

읽기 2　다음은 태권도의 경기 방법에 대한 설명문입니다. 잘 읽고 질문에 답해 보세요.

태권도 경기는 크게 겨루기와 품새로 나눌 수 있다. 겨루기는 올림픽과 같은 큰 대회에서 하는 경기로서 상대방을 공격해서 더 많은 점수를 얻는 사람이 이기게 된다.

모든 태권도 경기는 한국어로 진행된다. 경기는 심판의 '준비', '시작'이라는 말과 함께 시작되며 '그만'이라는 말로 끝난다. 경기는 2분씩 3회전으로 진행되고 각 회전 사이의 휴식 시간은 1분이다. 만약 3회전이 끝난 후에도 승부가 나지 않으면 연장전을 하게 된다.

경기 중에는 손발을 모두 사용할 수 있으며 정해진 부분을 공격하면 점수를 얻는다. 손으로는 주먹을 쥔 채로 몸통을 치고 발로는 몸통과 머리를 찰 수 있다. 공격의 종류에 따라 점수가 달라지는데 몸통을 공격할 경우에 주먹을 사용하면 1점, 발차기는 1~2점을 득점하게 된다. 주먹으로 얼굴을 때리면 반칙이 되나 발차기를 할 경우에는 3~4점을 받을 수 있다. 일부러 넘어지거나 등을 보이고 피하거나 상대를 손으로 잡는 행동은 반칙이고 반칙을 한 선수는 경고를 받는다. 경고를 두 번 받으면 상대방이 1점을 득점하며 경고를 10회 받으면 득점이 많아도 경기에서 질 수 있다.

어떤 스포츠든지 정정당당하게 경기를 하는 것이 중요하지만 태권도는 특히 예의를 강조하는 스포츠이기 때문에 규칙을 잘 지켜야 한다.

1　태권도 경기에는 어떤 종류가 있습니까?

2　이 글에서 설명한 것을 모두 고르세요.

☐ 득점 방법　　☐ 경기 시간　　☐ 반칙
☐ 심판의 자격　☐ 승부가 나는 방법　☐ 경기 일정

3　태권도에 대한 설명으로 맞지 <u>않는</u> 것을 모두 고르세요.

☐ 손기술과 발기술의 점수가 같다.
☐ 몸의 모든 부분을 공격해도 된다.
☐ 심판은 한국어로 경기를 진행한다.
☐ 상대 선수보다 높은 점수를 얻으면 이긴다.

　여러분이 알고 있는 스포츠의 경기 방법과 규칙을 설명해 보세요.

겨루기 sparring　품새 form　회전 round　쥐다 to grab　몸통 torso　강조하다 to emphasize

준비 여러분은 운동 경기에 대한 글을 읽어 본 적이 있습니까? 어떤 내용이었습니까?

☐ 경기 규칙 소개 ☐ 스포츠 대회 소개 ☐ 경기 결과 ☐ 선수 인터뷰

여러분이 좋아하거나 자주 보는 운동 경기에 대해 정리하고 소개해 보세요.

경기의 이름	태권도	
승부가 나는 방법	정해진 부분을 손이나 발로 공격함. 경기가 끝난 후 점수가 높은 사람이 이김.	
경기 규칙	주먹으로 얼굴을 때리면 반칙이 됨. 발로 공격할 경우 득점함.	
장점	체력 강화, 건강과 스트레스 해소에 도움.	

쓰기 위에서 이야기한 것을 바탕으로 운동 경기를 소개하는 글을 써 보세요.

💬 여러분 고향에서 사람들이 좋아하는 운동 경기가 무엇인지 조사하고 그 결과에 대해 자신의 의견을 이야기해 보세요.

준비 다음의 내용을 검색해 보세요.

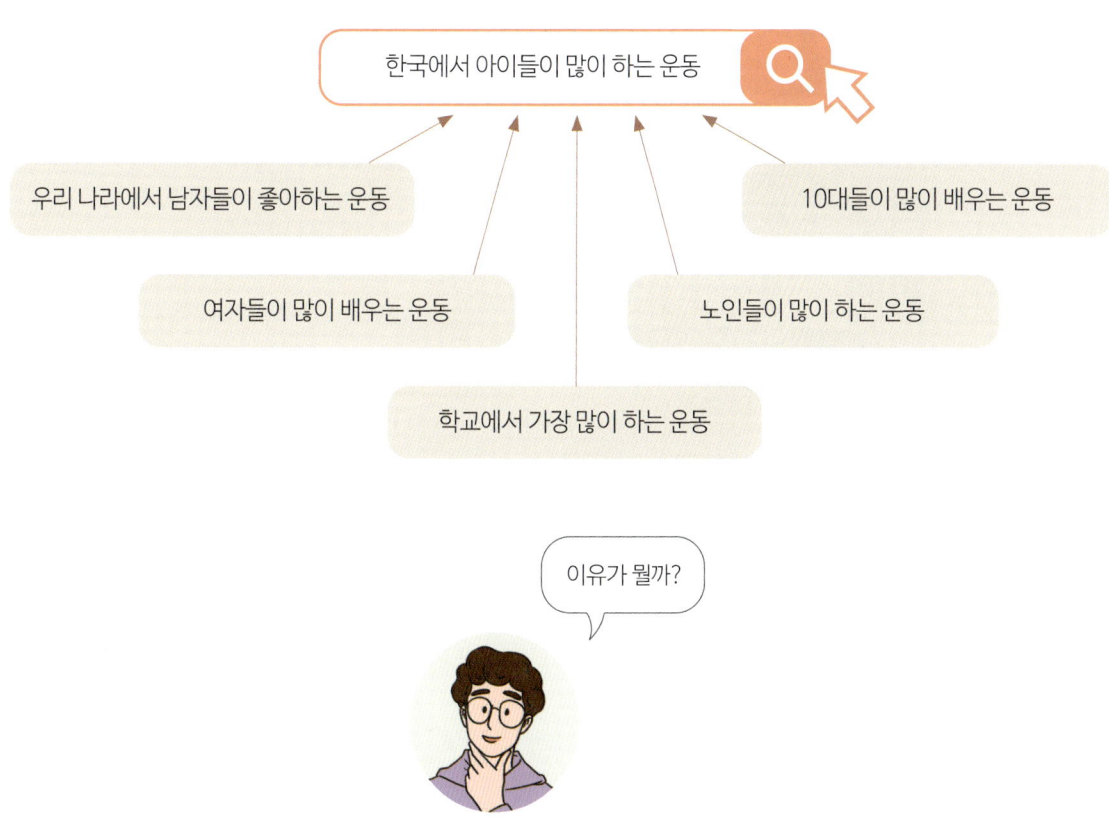

1 검색한 결과를 정리해 보세요. 그 운동이 인기 있는 이유는 무엇입니까?

우리 고향에서 인기 있는 운동		10~20대	30~40대	50대 이상
남성	1위			
	2위			
	3위			
여성	1위			
	2위			
	3위			

우리 학교에서 인기 있는 운동				
남성	1위			
	2위			
	3위			
여성	1위			
	2위			
	3위			

2 조사한 내용을 정리하고 그 이유에 대해 발표해 보세요.

> 말레이시아에서 인기가 많은 스포츠는 배드민턴입니다. 배드민턴은 축구와 함께 말레이시아의 인기 스포츠로서 많은 사랑을 받고 있습니다. 말레이시아에는 여러 민족이 살고 있으나 모두 배드민턴을 좋아한다는 공통점을 가지고 있습니다.
> 배드민턴은 배드민턴 채와 셔틀콕만 있으면 어디에서나 쉽게 할 수 있는 경기입니다. 그리고 네트를 사이에 두고 셔틀콕을 상대편 코트로 넘기는 경기인데 속도도 빠르고 아주 흥미진진해서 모든 국민이 즐기는 운동입니다.

인기 있는 생활 체육, 태권도

한국에서는 건강한 몸을 만들고 예의 있는 태도를 기르기 위해 어린이들에게 태권도를 가르칩니다. 태권도를 하면 팔, 다리, 어깨 등 몸의 다양한 부분을 움직이기 때문에 신체 발달에 도움이 됩니다. 또한 다른 사람들과 같이 운동을 하면서 사회성을 기르고 규칙을 지키는 태도를 배울 수 있습니다. 특별한 도구가 필요하지 않다는 장점도 있습니다. 여러분 나라에서도 어렸을 때부터 아이들에게 가르치는 운동이 있습니까?

발음 Pronunciation

경기 끝나기 십 분 전까지 0:1 [영대일]로 지고 있었어.

운동 경기에서 점수를 읽을 때 '0:1'은 [영대일]로 읽습니다.

 이번 경기는 3:2로 이겼어요.
어제 축구 경기에서 전반전은 1:1로 비겼어요.

자기 평가 Self-Check

☐ 운동 경기의 결과에 대해 예상해서 이야기할 수 있다.
☐ 운동 경기의 규칙을 설명하는 글을 작성할 수 있다.
☐ 자국의 인기 있는 운동 경기에 대해 조사해서 발표할 수 있다.

서울대 한국어+

4A

부록 Appendix

듣기 지문 Listening Script
과제 설명 Task Guide
모범 답안 Answer Key
어휘 색인 Glossary

1. 진로와 적성 Career & Aptitude

❶ 여: 다니엘 씨, 대학원에 입학 원서 냈다면서요? 계속 고민하더니 결국에는 지원했나 보네요.
남: 네, 그런데 지금이라도 취업 준비를 하는 게 낫지 않을까 고민이에요. 전부터 역사학을 공부하고 싶었지만 역사학은 전망이 그다지 밝지 않은 것 같아요. 대학원 졸업하고 할 일이 없을까 봐 걱정이에요.
여: 몇 년 후 일은 아무도 몰라요. 대학원에서 공부하다 보면 다니엘 씨가 좋아하는 일을 할 기회가 생길 거예요. 또 모두가 인기 있는 일만 한다면 정말 중요한 일은 아무도 하지 않게 될 거고요. 그리고 인기 있는 일이 다니엘 씨가 좋아하는 일이 아닐 수도 있잖아요.
남: 네, 선생님 말씀이 맞아요. 다음 주에 대학원 면접이 있는데 열심히 준비해야겠어요.

❷ 남: 자밀라, 너 우리 회사에서 인턴한다면서? 언제부터 시작이야?
여: 다음 주부터요. 요즘 취업이 어려운데 인턴을 하면 취업에 도움이 될 것 같아서 지원했어요. 그런데 공부할 시간이 줄어서 성적이 나빠질까 봐 걱정이에요.
남: 내가 면접 볼 때도 인턴 경험이 있느냐는 질문을 받았어. 학점도 중요하지만, 인턴을 하면서 회사 일에 대한 경험을 쌓다 보면 취업하는 데에 도움이 될 거야.

❸ 여: 직업의 세계 청취자 여러분, 안녕하세요? 오늘은 반려동물 훈련사이신 이민호 선생님을 모시고 반려동물 훈련사에 대해 알아보겠습니다. 선생님, 반려동물 훈련사는 어떤 일을 하나요?
남: 반려동물이 좋은 행동을 할 수 있게 훈련시키는 일을 합니다. 반려동물이 훈련을 즐거운 놀이로 받아들이도록 프로그램을 만들고 보호자와 상담도 하지요.
여: 선생님께서는 동물과 관련된 전공을 공부하셨다면서요? 아무래도 동물에 대해 잘 알고 동물이 자주 걸리는 병을 공부하면 이 일을 하는 데 좋겠지요?
남: 관련된 공부를 하면 도움이 될 수 있겠지만, 훈련사는 동물의 병을 치료하기보다는 행동을 잘 이해해야 되는 직업입니다. 그래서 동물과 생활하는 게 적성에 맞는다면 전공은 크게 영향을 주지 않는 것 같습니다.
여: 소질과 적성이 중요하다고 하셨는데요. 그럼 이 일에 필요한 자질과 능력은 무엇입니까?
남: 무엇보다도 동물을 사랑하는 마음이 중요합니다. 훈련을 끝까지 해내야 하니까 책임감도 강해야 하고요. 또 동물들은 말로 표현할 수 없으니까 행동을 보고 어떤 문제가 있는지 알아내야 합니다. 그래서 동물의 행동을 이해하는 능력도 필요합니다.
여: 혹시 반려동물 훈련사가 되고 싶어 하는 사람들에게 해 주실 말씀이 있으신가요?
남: 반려동물 훈련사 일은 근무 시간이나 휴일이 정해져 있지 않기 때문에 생활이 불규칙합니다. 또 동물에게 물려서 다칠 때도 많습니다. 이런 어려움이 있지만 열심히 동물들을 훈련시키다 보면 말을 안 듣던 동물들이 훈련사의 말을 잘 따르게 될 텐데요. 저도 동물들의 변화된 모습에 보호자들이 기뻐하는 걸 여러 번 봤습니다. 그럴 때마다 보람을 느끼고, 그래서 힘들어도 이 일을 계속하는 것 같습니다. 보람도 있고 전망도 밝은 일이니까 한번 도전해 보시기 바랍니다.

2. 건강과 습관 Healthy Life

❶ 여: 어디가 안 좋으세요?
남: 요즘 속이 계속 거북해서요.
여: 언제부터 그런 증상이 있으셨어요?
남: 한 일주일 정도 됐어요. 소화가 잘 안되고 빵이나 국수를 먹기만 하면 아랫배가 불편해요. 가스가 차서 배가 아플 정도예요.
여: 검사 결과로는 특별한 이상은 없는데요. 음식 때문일 수도 있어요. 혹시 밀가루로 만든 음식이나 땅콩, 커피 자주 드세요?
남: 제가 요즘 시간이 없어서 빵이나 국수를 자주 먹기는 했어요. 땅콩도 좋아하고, 커피도 하루에 세 잔 정도 마시고요.
여: 그럼 그중에 하나씩 드시지 말고 증상을 살펴보는 게 좋겠습니다. 증상이 없어지면 그게 원인일 수 있으니까요.
남: 네, 알겠습니다.

❷ 남: 여러분, 다음 주 '건강하게 삽시다' 시간에는 안구건조증에 대해서 알아보겠습니다. 서울대학교 안과전문의 이영미 교수님을 모시고 안구건조증의 증상과 원인, 치료법과 예방법에 대해 자세한 설명을 듣도록 하겠습니다. 요즘 일상생활에 불편을 느낄 정도로 눈이 건조한 분들은 다음 시간을 기대해 주시기 바랍니다.

❸ 남: 여러분, 안녕하세요. 오늘은 서울대학교 이영미 교수님을 모시고 안구건조증에 대해 알아보겠습니다. 교수님, 안구건조증은 눈이 건조한 증상을 말하는 건가요?
여: 안구건조증의 증상에는 여러 가지가 있습니다. 우선 눈이 건조하고 모래가 들어간 것처럼 불편하다고 말씀하시는 분들이 많습니다. 눈을 뜰 수가 없을 정도로 아프다는 분들도 계시고요. 강한 바람을 맞기만 하면 눈물이 줄줄 흐른다거나 머리가 아프다거나 하는 등 증상이 매우 다양합니다.
남: 네, 그렇군요. 안구건조증이 생기는 원인은 뭔가요?
여: 노화나 염증이 원인이 되기도 하지만 요즘은 컴퓨터나 스마트폰 때문에도 안구건조증이 많이 발생합니다.
남: 스마트폰요?
여: 네. 스마트폰을 계속 보거나 컴퓨터를 하다 보면 눈을 깜빡이지 않게 됩니다. 눈을 깜빡이지 않으니까 눈물이 말라서 눈이 더 건조해지는 거죠. 또 콘택트렌즈를 자주 끼는 사람도 안구건조증이 생길 수 있습니다.
남: 네. 그럼 어떻게 치료할 수 있나요?

여: 원인에 따라 다르겠지만 주로 인공 눈물을 자주 넣으라고 권합니다. 눈 주위를 마사지하거나 따뜻한 찜질을 하는 것도 효과가 있습니다. 그리고 증상이 나타나기 전에 예방하는 것도 중요한데요. 컴퓨터나 스마트폰을 사용할 때 중간중간 쉬어 주셔야 합니다. 특히 자기 전이나 일어나자마자 스마트폰을 보는 습관은 고치는 게 좋습니다.

남: 네, 그렇군요. 지금까지 안구건조증에 대해 알아봤습니다. 이영미 교수님, 나와 주셔서 감사합니다.

3. 선택과 변화 Choices & Changes

❶ 남: 오늘은 신인 가수 미아 씨를 모셨습니다. 미아 씨는 케이팝 오디션 출신이지요? 호주에서 오셨다고 들었는데 어떻게 오디션을 보게 되셨습니까?

여: 전 어릴 때부터 노래하는 걸 무척 좋아했고 한국 노래를 즐겨 불렀어요. 그래서 케이팝 가수가 되려고 밤늦게까지 피아노를 치면서 노래 연습을 했는데요. 그러다가 이웃들한테 시끄럽다고 욕을 먹은 적도 많아요. 그런데 한국이 아닌 호주에 살다 보니까 점점 케이팝 가수가 되겠다는 희망이 사라졌던 것 같아요.

남: 아, 그러셨군요.

여: 그러던 어느 날, 아버지가 호주에서 케이팝 오디션이 열린다는 소식을 듣고 저한테 오디션을 보면 어떻겠냐고 하셨어요. 얼마 후에 오디션을 보려고 하니까, 내 실력으로 될까 하는 생각이 들어서 두렵기도 하고 망설여졌어요. 그래서 포기하려다가 가족들이 계속 격려해 줘서 결국 오디션을 보게 됐습니다.

남: 만약 오디션을 보지 않았다면 지금 이 자리에 계시지 못했을 텐데요. 케이팝을 사랑하고 가수를 꿈꾸는 분들에게 응원의 말씀 좀 부탁드립니다.

여: 네, 저도 용기를 내서 오디션을 보지 않았다면 아마 평생 후회했을 거예요. 케이팝 가수가 되고 싶은 분들은 포기하지 말고 끝까지 도전하시면 좋겠습니다.

남: 감사합니다. 잠시 광고 듣고 오겠습니다.

❷ 여: 글씨를 예쁘게 쓰고 싶으세요? 메모 남길 때 신경 쓰이신다고요? 손 편지를 쓰려다가 포기하셨어요? 예쁜 글씨 교본. 하루 5분씩만 따라 써 보세요. 당신의 글씨가 달라집니다.

남: 책하고 똑같이 쓰다 보니까 글씨에 자신감이 생겼어요.

여: 서점에 있습니다.

❸ 남: 여러분이 보내 주신 사랑 이야기를 들려 드리는 시간입니다. 오늘은 어떤 사연이 도착했을까요? 여의도에서 김수진 씨가 보내 주신 사연입니다.

여: 저는 대학교 신입생 환영회 때 그 사람을 처음 만났습니다. 커피를 마시면서 신입생 환영회에 가고 있었는데 어떤 남자가 뛰어오다가 저하고 부딪혔습니다. 제가 들고 있던 커피가 쏟아져서 남자의 옷이 엉망이 됐지요. 저는 커피를 쏟아서 미안하다고 말했는데 그 남자는 자기 실수로 부딪힌 건데도 아무 말 없이 그냥 가 버렸습니다. 남자 때문에 기분이 안 좋은 상태로 저는 환영회 장소에 도착했습니다. 그곳에서 그 남자를 다시 만나게 됐습니다. 알고 보니 그 남자는 우리 과 선배였습니다. 첫인상이 별로여서 그날 이후로 저는 그 선배를 모른 척하면서 지냈습니다. 그러던 어느 날 선배와 저는 수업을 같이 듣게 되었고 조별 과제도 함께 하게 됐습니다. 과제를 준비하면서 많은 시간을 보내다 보니까 성실하고 활동적인 선배에게 호감이 생겼습니다. 저는 시간이 지날수록 점점 더 선배가 좋아졌고 몇 번이나 좋아한다고 고백하려다가 용기가 없어서 마음을 접었습니다. 그런데 얼마 후 선배가 군대에 간다는 소식을 들었습니다. 제 마음을 말하지 않으면 후회할 것 같아서 결국 저는 선배에게 좋아한다고 이야기했습니다. 하지만 선배는 제 고백을 거절했습니다. 그 후 학교에서 선배를 마주칠 때마다 선배가 저를 피해서 괴로웠습니다. 그때 저는 왜 고백을 했을까요? 제 선택이 정말 후회스럽습니다.

남: 안타까운 사연이네요. 아마 선배는 군대에 가야 해서 고백을 거절하지 않았을까요? 군대 다녀온 후에 다시 한번 용기를 내서 고백해 보는 것은 어떨까요? 신청곡 나갑니다.

4. 기후와 문화 Climate & Culture

❶ 여: 최근 큰 일교차 때문에 감기가 유행하고 있는데요. 내일도 아침에는 쌀쌀하겠습니다. 내일 최저 기온은 10에서 12도 정도로 평년보다 낮겠습니다. 하지만 낮 기온은 17에서 20도까지 올라서 일교차가 10도 가까이 벌어지겠습니다. 오늘은 전국에서 맑은 하늘을 볼 수 있었는데요, 내일은 변덕스러운 날씨에 대비하셔야겠습니다. 아침에는 대체로 맑겠지만 곳곳에 비구름이 발달하면서 소나기 오는 곳이 많겠습니다. 출근하실 때 우산을 꼭 챙기시기 바랍니다. 주말에는 전국에 비가 오겠습니다. 비가 온 후에는 서울 최저 기온이 5도까지 떨어지는 등 쌀쌀해지겠습니다. 지금까지 날씨 전해 드렸습니다.

❷ 여: 아침에는 쌀쌀하더니 낮에는 포근해졌네요.

남: 그러게요. 아침과 낮의 기온 차이가 너무 큰 것 같아요.

여: 요즘 일교차가 커서 감기에 걸리는 사람이 많다더라고요.

남: 저도 감기에 걸리는 바람에 며칠 동안 아무것도 못 했어요.

여: 아까 일기 예보를 봤는데 이번 주말에 비가 많이 온대요.

남: 주말에 약속이 있었는데 다음으로 미뤄야겠어요.

여: 비 온 뒤에는 추워진다더라고요. 또 감기 걸리지 않게 조심하세요.

❸ 여: 얼마 전 폭우가 쏟아지는 바람에 시내 곳곳이 물에 잠기는 일이 벌어졌습니다. 교수님, 11월에 이렇게 폭우가 내린 것은 처음이라더라고요. 날씨가 점점 예측할 수 없게 되는 것 같아요.

남: 네, 맞습니다. 갑작스러운 폭우뿐만 아니라 여름에 폭염이 계속되거나, 겨울에 일부 지역에만 폭설이 쏟아지는 등 극

단적인 날씨를 보이고 있습니다.
여: 이런 현상이 나타나는 원인은 무엇입니까?
남: 기후 변화 때문입니다. 전문가들은 이런 상황이 계속되면 2100년쯤에는 한국에서 겨울이 없어질 거라고 예상합니다. 일 년에 절반이 여름이 되고 폭염도 한 달 이상 이어질 거라고 보고 있습니다. 지금도 봄, 가을은 점점 짧아지고 여름은 길어지고 있지요? 또 겨울은 전보다 따뜻해졌고요.
여: 그렇게 되면 어떤 문제가 생길까요?
남: 아시다시피 폭염 때문에 가뭄 피해를 입을 수 있고, 폭우 때문에 홍수가 날 수도 있습니다. 작년에는 갑자기 폭설이 쏟아지는 바람에 공항이 폐쇄된 일도 있었죠? 겨울은 따뜻해지지만 폭설이 쏟아지는 경우도 생겨서 언제든 예상치 못한 피해를 입을 수 있습니다.
여: 네, 그렇군요. 잠시 전하는 말씀 들으시고, 피해를 줄일 수 있는 방법에 대해 이야기 나누겠습니다.

5. 여행의 즐거움 Delight of Travel

❶ 여1: 주말에 바빴어? 모임에 안 나와서 걱정했어.
여2: 아, 주말에 강원도로 여행 다녀왔어.
여1: 강원도? 어디어디에 갔어?
여2: 정동진에 가서 일출 보고 속초에 들러서 설악산까지 갔다 왔어.
여1: 와, 나도 가 보고 싶었는데…. 어땠어?
여2: 산이면 산 바다면 바다, 다 좋았어. 일출이 어찌나 예쁜지 정신없이 보다가 사진 못 찍었지 뭐야. 바다열차도 타고 싶었는데 못 타서 너무 아쉬워. 그래서 이번 방학에 또 갈까 생각 중이야.
여1: 그럼 방학 때 친구들하고 다 같이 갈래?
여2: 그럴까?

❷ 여: 자, 지난주부터 여행 작가 윤정수 씨와 함께 강원도를 둘러보고 있는데요. 윤 작가님, 오늘은 어디를 소개해 주실 건가요?
남: 오늘 가 볼 곳은 삼척에서 강릉까지 동해안을 따라가는 코스인데요. 오늘 소개해 드리는 여행지는 경치면 경치 음식이면 음식, 모두 다 좋아서 가 보시면 만족하실 겁니다.
여: 네. 벌써부터 기대되는데요. 그럼 삼척에서 출발하면 되나요?
남: 네. 삼척에는 정동진을 거쳐서 강릉까지 운행하는 바다열차라는 게 있는데요. 보통의 기차는 앞뒤 의자가 서로 마주 보거나 기차가 가는 방향을 바라보잖아요? 그런데 이 바다열차는 의자가 창문 쪽을 향해 있어서 자연스럽게 창밖을 바라보게 됩니다.
여: 와, 기차를 타고 가면서 편안하게 바다 경치를 감상할 수 있는 거네요.
남: 맞습니다. 저는 달리는 기차에서 끝없이 펼쳐진 바다를 보니까 어찌나 상쾌한지 그동안 쌓인 스트레스가 확 풀리는 것 같았습니다. 이 열차는 평일에는 하루에 왕복 두 번, 주말에는 세 번씩 운행하니까 꼭 타 보셨으면 합니다.
여: 경치를 봤으니 이제 맛있는 음식을 먹어야겠죠?
남: 네. 강릉에는 맛집으로 소문난 곳이 많습니다.
여: 그럼 노래 한 곡 듣고 강릉의 맛집에 대해 알아보겠습니다.

❸ 여1: 민우 말처럼 1박 2일 동안 여행하는 건 너무 짧을 것 같아. 정동진에서 일출도 볼 거잖아.
남1: 응, 그래. 그럼 2박 3일 일정으로 하자.
여2: 좋아. 그럼 어디를 먼저 가는 게 좋을까?
남2: 내가 전에 라디오에서 들었는데 강원도에 바다열차라는 게 있다더라고. 삼척에서 기차를 타면 강릉까지 바다를 구경하면서 갈 수 있대.
여1: 와, 그거 타면 좋을 것 같아. 나도 타 보고 싶었어. 그리고 강릉에서 정동진이 가깝잖아.
남2: 응, 맞아. 바다열차가 정동진도 지난대.
여1: 그럼 그 기차를 타고 가다가 정동진에서 내리면 되겠네.
남2: 중간에 정동진에서 내리면 다음 날 해 뜰 때까지 너무 오래 기다려야 돼.
여1: 그럼 어떡하지? 난 꼭 일출을 보고 싶단 말이야. 지난번에 사진을 못 찍어서 너무 속상했어.
남1: 일단 그 기차를 타고 강릉에 갔다가 강릉 구경을 하고 나서 차를 빌리는 건 어때? 강릉에서 정동진이 가까우니까 차를 타고 가면 좋을 것 같아. 내가 운전할 수 있어.
여2: 그래, 그게 좋겠다. 먼저 삼척으로 가서 바다열차 타고 강릉에 가서 차를 빌리자. 강릉에서 구경도 하고 하룻밤 잔 다음에 새벽에 일출 보러 출발하는 거야. 어때?
여1, 남1: 좋아.
남2: 첫날 묵을 강릉 숙소를 알아봐야겠다. 정동진에서 일출 본 다음에는 어떻게 할 거야?
남1: 차를 반납해야 되니까 일단 다시 강릉으로 가야 되지 않을까? 그다음엔 속초에 가면 어떨까? 난 전부터 설악산에 가 보고 싶었어.
여2: 맞아. 요즘 단풍이 들어서 아주 아름다울 거야. 난 바다에 가고 싶었는데 속초는 산이면 산 바다면 바다, 다 볼 수 있는 곳이래.
여1: 맞아. 그리고 공기도 좋아. 지난번에 갔을 때 어찌나 공기가 맑고 좋은지 건강해지는 느낌이었어.
남: 그래. 속초에 가서 바다도 보고 설악산에도 올라가 보자.
남: 속초에서는 어디에서 묵을 건지도 알아봐야겠다. 그럼 강릉과 속초 숙소는 내가 알아볼게.
남: 그럼 나는 차를 어디에서 빌릴지 알아볼게.
여: 그럼 난 맛집을 알아볼까?
여2: 와, 정말 기대된다.

6. 공연과 축제 Performances & Festivals

❶ 남: 쌀쌀한 가을, 모두 함께 즐기는 맛있는 축제인 횡성한우축제가 열립니다. 이번 축제 행사 중 하나인 '나만의 한우레시피'에서 참가자를 모집합니다. 행사에 참여하실 분들은 10

❶ 월 5일부터 15일까지 이메일로 참가 신청을 하시면 됩니다. 자신만의 한우 요리법과 요리 사진을 본인 SNS에 올리신 후 '나만의 한우레시피' 해시태그를 달아 주십시오. 좋은 반응을 얻은 스무 분께는 유명 요리사의 특강을 들을 수 있는 기회를 드립니다. 국적에 관계없이 누구나 참여할 수 있으며 참가자 중 열 분을 뽑아서 한우 세트를 선물로 드립니다. 다양한 볼거리, 즐길 거리, 먹을거리가 마련되어 있는 횡성한우축제! 여러분의 많은 참여 바랍니다.

❷ 남: 아까 라디오에서 들었는데 횡성한우축제를 한다던데? 축제 기간 동안 '나만의 한우레시피'라는 행사에 참가해서 뽑히면 유명 요리사에게 요리도 배울 수 있고 한우도 무료로 받을 수 있대. 우리도 한번 참가해 볼까?
여: 그래? 어떻게 하면 되는데?
남: 나만의 요리법으로 한우 요리를 만든 후 사진과 요리법을 같이 SNS에 올리면 된대.
여: 요리? 난 요리는 자신 없는데…. 라면도 겨우 끓이는걸?
남: 나도 요리를 잘하지는 못하지만 재미있을 것 같지 않아? 이 기회에 요리도 배울 수 있고….
여: 나는 우리 둘이 축제에 참가하는 건 힘들다고 봐. 둘 다 요리를 못하는데 어떻게 음식을 만들 수 있겠어?
남: 그럼 나나한테 같이 하자고 해 볼까? 나나는 요리 솜씨가 좋잖아.
여: 나나가 같이 한다면 나도 찬성이야.
남: 알았어. 그럼 내가 나나한테 연락해서 같이 하자고 해 볼게.

❸ 여1: 참가 신청 마감일이 며칠 안 남았네. 오늘 메뉴, 요리할 장소, 비용 같은 걸 정해야 되지 않을까?
여2: 그래. 무슨 메뉴가 좋을까?
남: 좀 쉽고 간단한 음식으로 하자. 한우로 끓인 미역국 같은 거.
여1: 나만의 요리법으로 요리를 해야 하던데? 너무 쉬운 음식이면 요리법도 거의 비슷하지 않을까?
여2: 그럼 소고기 샐러드나 소고기 볶음국수 같은 퓨전 요리는 어때?
남: 두 개 다 괜찮을 것 같은데? 둘 다 만들어서 친구들한테 먹여 보고 맛있다고 하는 메뉴로 정하자.
여1: 좋은 생각이다. 나는 이번 주 토요일 오후에 시간이 있는데 너희는 어때? 두 시쯤?
여2: 나도 괜찮아.
남: 나도 좋아. 그럼 어디에서 할까? 우리 집은 부엌이 좁아서 세 명이 같이 요리하기는 좀 불편할 것 같아.
여1: 그럼 우리 집에서 할래? 그날 룸메이트가 집에 늦게 온다고 했어. 우리 집 부엌은 넓으니까 요리하기 좋을 거야.
여2: 잘됐다. 그럼 재료 준비는? 요리하기 전에 재료를 사야 할 텐데.
남: 유진이 집에서 요리를 할 거니까 나랑 나나가 장을 볼게.
여1: 그럼 나는 요리에 필요한 그릇이나 양념 같은 걸 준비할게. 재료 살 때 드는 비용은 셋이 나눠서 내면 되겠지?
여2: 그러자. 참, 우리가 만든 음식을 누구한테 먹어 보라고 하지?
남: 내가 친구들한테 연락할게. 두 명 정도 부를까?
여1: 그래도 세 명 정도는 돼야 뭐가 더 맛있는지 투표를 해 볼 수 있지.
여2: 그래. 나도 최소 세 명은 와야 한다고 봐.
남: 그래? 알았어. 그럼 세 명 부르지, 뭐.

7. 숫자로 보는 세상 World in Numbers

❶ 남: 뭐 마실래?
여: 난 아메리카노 마실래.
남: 너 아까도 커피 마셨잖아. 또 마셔도 괜찮아?
여: 몸 상태에 따라 다른데 보통은 하루에 두 잔이나 세 잔 정도는 커피를 마시거든.
남: 역시 조사 결과가 맞는구나.
여: 응? 무슨 조사?
남: 내가 인터넷에서 재미있는 조사를 봤는데 조사 결과에 의하면 한국 사람들의 90%가 카페에서 커피를 마신다고 하던데? 어디서 봤더라? 여기 있다. 이것 봐. 아메리카노를 마신다는 응답이 57%나 됐고, 전체 응답자의 1/3 정도는 카페라테를 마신다고 응답했잖아. 차나 주스 같은 음료수를 마신다는 사람이 10%도 안 되는 걸 보면 한국 사람들은 커피를 참 좋아하는 것 같아.

❷ 여: 다음 뉴스입니다. 최근 경제가 안 좋아지면서 소비되는 상품에도 변화가 생겼다고 합니다. 한국 경제 연구소에 의하면 의류나 자동차 같은 상품의 판매가 2020년을 기준으로 크게 줄었고, 작년과 비교하면 각각 절반으로 줄어들었다고 합니다. 반면, 라면과 립스틱의 판매는 2020년 이후 매년 크게 늘고 있습니다. 전문가들은 경제 상황에 따라 소비되는 물건의 종류가 달라진다면서 적은 돈으로 만족감을 줄 수 있는 상품의 소비가 늘었다고 분석하고 있습니다.

❸ 여: 여러분 안녕하세요. 오늘은 서울대학교 김남기 교수님을 모시고 경제와 소비라는 주제에 대해서 말씀을 나눠보도록 하겠습니다. 안녕하세요? 교수님.
남: 네, 안녕하세요.
여: 요즘 통계를 보면 경제가 안 좋아졌다고 하는데 사람들의 소비에도 변화가 있을까요?
남: 네, 그렇습니다. 경제가 좋을 때는 모든 물건이 잘 팔리는데 요즘처럼 경제 상황이 안 좋을 때는 사람들이 꼭 필요한 것이 아니면 사지 않기 때문에 전체적으로 소비가 줄어듭니다. 실제로 통계청에서 발표한 자료에 의하면 올 상반기는 작년 상반기보다 30% 정도 소비가 줄었다고 합니다. 그 중에서도 특히 자동차나 옷처럼 지금 당장 사지 않아도 되는 물건에 대한 소비가 크게 줄었습니다.
여: 말씀을 듣고 보니까 저도 전보다 옷이나 가방을 덜 사는 것 같습니다. 그런데 제 주변을 보면 립스틱처럼 가격이 부담스럽지 않은 물건은 전보다 더 많이 사는 것 같은데요.
남: 맞습니다. 그런 현상을 바로 '립스틱 효과'라고 합니다. 립

스틱이나 넥타이처럼 적은 돈을 들여서 기분을 좋게 바꿔 줄 수 있는 제품을 많이 사는 현상을 말합니다.

여: 그런데 평소에 립스틱을 바르지 않거나 넥타이를 잘 안 매는 사람들도 있지 않습니까?

남: 그렇습니다. 다른 예를 보면 라면이 있는데요. 우리가 가장 쉽게 끼니를 해결할 수 있는 게 라면이죠? 경제가 안 좋아지면 라면이 잘 팔립니다. 반대로 경제가 좋아지면 고기나 과일 같은 식품의 소비가 늘어나게 됩니다.

여: 아, 경제 상황에 따라서도 잘 팔리는 물건이 달라진다니 흥미롭네요. 오늘 말씀 감사드립니다.

8. 대중문화 Pop Culture

❶ 여: 다음은 시상식 관련 뉴스입니다. 지난 3월 개봉한 영화 '하얀 꽃'이 한국 3대 영화제로 꼽히는 '부산국제영화제'에서 여우주연상과 음악상 등 네 개 부문에서 수상했습니다. '하얀 꽃'은 같은 이름의 소설을 영화로 만든 것으로 전문가들에게 원작만 못하다는 평가를 받기도 했는데요. 유명 배우들의 뛰어난 연기가 입소문을 타면서 인기를 끌기 시작했습니다. 이번 영화제에서 주목을 받은 작품이 많아서 '하얀 꽃'의 관계자들도 상을 받을 리가 없다는 의견이 다수였지만 사람들의 예상을 깨고 네 개 부문에서 수상했습니다. 주인공 최서희 역할을 맡은 영화배우 김지영 씨는 이렇게 큰 영화제에서 여우주연상을 받게 되어 꿈만 같다는 소감을 전했습니다.

❷ 남: 너 그 소식 들었어? '하얀 꽃'이라는 영화가 '부산국제영화제'에서 상을 네 개나 받았대.

여: 그거 원래 소설이 원작이잖아. 난 영화도 보고 소설도 읽었는데 영화가 소설만 못하더라고.

남: 나는 영화만 봐서 그런지 재미있던데. 배우들이 정말 연기도 잘하고 음악이면 음악 의상이면 의상, 모두 상 받을 만했어.

여: 그래. 음악은 정말 좋더라. 마지막에 여자가 노래 부르는 장면이 있었잖아. 그거 여자 주인공이 직접 부른 거래.

남: 정말? 노래 부르는 목소리가 여자 주인공 목소리하고 너무 달라서 그 배우가 불렀을 리가 없다고 생각했는데….

여: 나도 처음에는 몰랐는데 OST에 그 배우 이름이 있더라고.

남: 나도 다시 들어 봐야겠다.

❸ 남: 여러분 안녕하세요. 오늘은 최근 큰 사랑을 받고 있는 영화 '하얀 꽃'의 주인공 김지영 씨를 모시고 인터뷰를 진행하겠습니다. 안녕하세요?

여: 네, 안녕하세요.

남: 우선 축하드립니다. 이번에 '부산국제영화제'에서 여우주연상이라는 큰 상을 받게 되셨는데요. 소감이 어떠신가요?

여: 감사합니다. 아직도 믿기지 않습니다. 감독님과 여러 스태프, 동료 배우들이 정말 열심히 했기 때문에 좋은 작품을 만들 수 있었지만 솔직히 이렇게까지 인기를 얻을 거라고는 생각하지 못했습니다.

남: 상을 받을 거라고 예상은 하셨습니까?

여: 아니요. 전혀 못 했습니다. '부산국제영화제'에서 여우주연상 후보가 되었다는 연락을 받고 워낙 뛰어난 배우들이 많아서 제가 상을 받을 리는 없을 거라고 생각했거든요.

남: 그래서 수상 소감 말씀하실 때 그렇게 당황하셨군요. 저도 영화를 봤는데 연기도 노래도 그렇게 잘하시는지 몰랐습니다.

여: 좋게 봐 주셔서 감사합니다. 사실 연기도 노래도 제 기대만 못했는데 많은 분들이 칭찬해 주셔서 몸 둘 바를 모르겠습니다.

남: 말씀도 무척 겸손하게 하시네요. 다시 한번 축하드리고요. 나와 주셔서 감사합니다.

9. 스포츠의 세계 World of Sports

❶ 남: 여자 핸드볼 준결승전이 진행되고 있습니다. 후반전 종료 직전에 서울대가 동점 골을 넣어서, 경기가 무승부로 끝났고, 이제 곧 연장전 경기가 시작됩니다. 서울대의 동점 골, 정말 아슬아슬했습니다.

여: 두 팀의 실력 차이가 크고 한국대가 작년 대회 우승팀이라서 전문가들은 해 보나 마나 한국대가 결승전에 진출할 거라고 예상했는데요. 서울대가 오늘 최선을 다해서 흥미진진한 경기를 펼치고 있습니다.

남: 하지만 서울대 팀은 선수 두 명이 부상을 당하지 않았습니까? 다른 선수들도 체력이 떨어져서 서울대가 더 이상 점수를 내기는 틀린 것 같은데요.

여: 한국대는 후반전에 골대 앞에서 우왕좌왕하다가 두 번이나 결정적인 기회를 놓쳤습니다. 서울대가 집중해서 경기를 한다면 충분히 이길 수 있습니다.

남: 네, 말씀드린 순간 연장전 경기가 시작되었습니다.

❷ 여: 올림픽 축구 경기 B조에서 8강에 진출할 두 팀은 어느 나라가 될까요? 올림픽 8강 진출을 위한 대한민국의 첫 경기가 태국 송클라에서 오늘 밤 펼쳐집니다. 8월 9일, 목요일, 대한민국 대 노르웨이의 경기가 한국 시간으로 밤 열 시부터 라디오와 텔레비전으로 동시에 중계됩니다. 이번 경기에는 유럽 리그에서 뛰고 있는 이주원 선수를 비롯해서 국가 대표 선수들이 모두 출전해 흥미진진한 경기가 될 것입니다. 전 국가대표 박영성 선수가 해설을 맡아 자세한 설명을 해 줄 예정입니다. 많은 관심 바랍니다.

❸ 남1: 방금 전에 끝난 노르웨이와의 올림픽 축구 경기에서 한국이 승리했다는 소식입니다. 1점 차로 아슬아슬하게 이겼는데요. 결승 골의 주인공 정해준 선수의 인터뷰를 들어보시겠습니다. 김수진 리포터?

여: 네. 태국 송클라 축구 경기장에 나와 있습니다. 오늘 승리의 주인공 정해준 선수를 만나 보겠습니다. 안녕하세요? 정말 멋진 골이었습니다. 당시 상황과 소감 좀 말씀해 주세요.

남2: 첫 경기니까 꼭 이겨야 한다는 부담감이 커서 그랬는지 제 실력을 발휘할 수 없었던 것 같습니다. 그러다 경기 종료 30초를 남겨 놓고 저에게 공이 왔는데 이번 기회를 놓치면 무승부로 끝나겠다는 생각이 들었습니다. 연습한 대로 차분하게 공을 찼는데 골대 안으로 들어가더라고요. 정말 기뻤습니다.

여: 다음 경기 상대는 축구를 잘하기로 유명한 멕시코인데요. 그래서 경기를 해 보나 마나 질 거라고 예상하시는 분들도 있습니다. 각오 한 말씀 부탁드립니다.

남2: 만약 다음 경기에서 멕시코한테 진다면 남은 경기에서 이겨도 8강에 진출하기가 어려워질 겁니다. 그래서 멕시코에게 반드시 이기겠다는 각오로 뛸 겁니다. 워낙 멕시코 팀이 강팀이라 벌써부터 이기기는 틀렸다고 생각하는 분들도 계신데요, 저희에 대한 믿음을 가지고 응원해 주십시오.

여: 네. 말씀 감사합니다. 다음 경기 기대하겠습니다.

남1: 김수진 리포터, 감사합니다. 다음에는 3일 뒤, 8월 12일, 멕시코와 맞붙습니다. 한국 시간 밤 아홉 시에 중계가 시작될 예정이니 많은 시청 바랍니다.

Task Guide
과제 설명

1단원

1. 과제 설명: 적성과 소질을 중심으로 자신을 소개하는 소그룹 활동입니다.
2. 활동 방법
   ① 자신의 적성과 소질, 장점, 진로에 대해 메모합니다.
   ② 한 팀이 3~4명이 되도록 팀을 만듭니다.
   ③ 팀원들 앞에서 메모한 내용을 바탕으로 자신의 앞으로의 계획에 대해 발표합니다.

2단원

1. 과제 설명: 건강 포스터 만들기 대회에 참가하기 위해 건강 포스터를 만드는 소그룹 활동입니다.
2. 준비물: 4절지 흰색 도화지 1장, 색연필 또는 사인펜
3. 활동 방법
   ① 한 팀이 3~4명이 되도록 팀을 만듭니다.
   ② 문제가 되는 식습관과 그 습관 때문에 생길 수 있는 문제들에 대해 이야기하면서 메모합니다.
   ③ 위의 내용을 바탕으로 건강 포스터를 만듭니다.

3단원

1. 과제 설명: 인생에서 가장 만족스러운 선택과 후회되는 선택을 소개해 보는 소그룹 활동입니다.
2. 활동 방법
   ① 지금까지 가장 만족스러운 선택과 후회되는 선택이 무엇이고 왜 그렇게 생각하는지 메모합니다.
   ② 한 팀이 3~4명이 되도록 팀을 만듭니다.
   ③ ①에서 메모한 내용을 바탕으로 다른 사람에게 자신의 경험을 발표합니다.

4단원

1. 과제 설명: 관심을 가지고 있는 주제를 선택한 후 발표하는 활동입니다.
2. 준비물: PPT 자료
3. 활동 방법
   ① 학생들이 원하는 발표 주제를 선택합니다.
   ② 주제를 선택한 이유를 포함해서 어떤 방향으로 발표를 할 것인지 개요를 작성합니다.
   ③ 개요를 바탕으로 발표 원고를 작성하고 PPT를 만듭니다.
   ④ PPT를 보여 주면서 준비된 내용을 외워 발표합니다.

5단원

1. 과제 설명: 여행 정보를 소개하는 관광 안내도를 만드는 소그룹 활동입니다.
2. 준비물: 4절지 흰색 도화지 1장, 색연필 또는 사인펜, 테이프, 각종 사진 자료 등
3. 활동 방법
   ① 한 팀이 4~5명이 되도록 팀을 만듭니다.
   ② 소개하고 싶은 여행지의 경치, 느낌에 대해 자유롭게 이야기하며 메모합니다.
   ③ 장소를 선택한 후에 관련 사진 자료 등을 찾아서 관광 안내도를 만듭니다.

6단원

1. 과제 설명: 언어교육원 축제를 개최하기 위해 토의하는 활동입니다.
2. 활동 방법
   ① 한 팀이 4~5명이 되도록 팀을 만듭니다.
   ② 축제를 개최하기 위해 꼭 의논해야 하는 문제들을 확인해 봅니다.
   ③ 팀별로 정한 항목들에 대해 20분~25분 정도 토의합니다.
   ④ 토의한 내용을 정리해서 발표합니다.

7단원

1. 과제 설명: 조사하고 싶은 주제를 정해 설문 조사를 하고 그래프를 그리는 활동입니다.
2. 준비물: A4 종이 혹은 공책
3. 활동 방법
   ① 어떤 주제에 대해 조사하고 싶은지 대화를 통해 결정합니다.
   ② 주제를 정하면 질문을 두세 가지 만듭니다. 이때 '예', '아니요'로 대답할 수 있는 간단한 질문이 아니라 여러 가지 답이 나올 수 있는 질문을 만듭니다.
   ③ 예상되는 대답을 보기로 작성합니다.
   ④ 질문과 대답이 다 완성되었으면 같은 반 친구나 다른 반 친구들을 대상으로 조사를 진행합니다.
   ⑤ 다 완성되면 설문 조사 내용을 정리하고 그래프로 그립니다.
   ⑥ 질문과 조사 결과를 바탕으로 발표합니다.

8단원

1. 과제 설명: 리포터가 되어 유명인을 인터뷰하는 활동입니다.
2. 활동 방법
   ① 자신이 유명한 사람이 되었다고 가정하고 '근황, 작품/경기/공연, 계획' 등에 대해 메모합니다.
   ② 2명씩 짝을 지어 위에서 작성한 내용을 바탕으로 상대방에게 인터뷰를 진행합니다.
   ③ 인터뷰한 내용을 정리하고 발표합니다.

9단원

1. 과제 설명: 인기 있는 운동 경기에 대해 조사하고 자신의 의견을 이야기하는 활동입니다.
2. 활동 방법
   ① 자신의 나라에서 인기가 있는 운동에 대해 검색합니다. 검색할 때는 성별, 연령별로 인기가 있는 운동을 검색해 봅니다.
   ② 검색한 내용을 정리하고 그 이유를 생각해 봅니다.
   ③ 조사한 내용을 정리하고 발표합니다.

Answer Key 모범 답안

1. 진로와 적성 Career & Aptitude

듣기　　　　　　　　　　　　　　　p. 28

듣기 1
1 대학원에서 역사학을 전공하면 나중에 취업이 안 될까 봐 걱정이다.
2 ③

듣기 2
1 인턴을 하려고 하는데 공부할 시간이 줄어서 성적이 나빠질까 봐 걱정이다.
2 인턴을 하면서 경험을 쌓으면 취업에 도움이 될 것이다.

듣기 3
1 ☑ 반려동물 훈련사가 하는 일은 무엇입니까?
　☐ 주로 훈련시키는 반려동물은 어떤 동물입니까?
　☑ 반려동물 훈련사에게는 어떤 적성과 소질이 필요합니까?
　☑ 이 일을 하고 싶어 하는 사람들에게 해 주고 싶은 말은 무엇입니까?
2 ☑ 책임감　　☐ 계산 능력
　☐ 동물과 관련된 전공　☑ 동물을 사랑하는 마음
3 ③

읽기　　　　　　　　　　　　　　　p. 31

준비 항상 긍정적으로 생각한다는, 성실할

읽기 1
1 적극적으로 행동하는 사람, 책임감이 강하고 동료를 배려하는 사람
2 ☑ 리더십이 있는 사람
　☐ 실패를 하지 않는 사람
　☑ 공감 능력이 뛰어난 사람
　☐ 창의적으로 문제를 해결하는 사람

읽기 2
1 취업 준비 서류에 장점을 효과적으로 소개하는 방법을 알고 싶다.
2 ②

2. 건강한 삶 Healthy Life

듣기　　　　　　　　　　　　　　　p. 44

준비

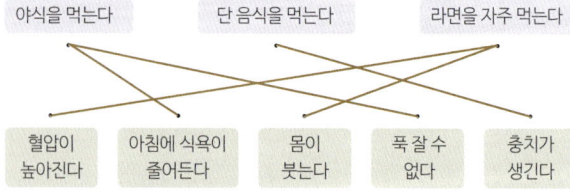

듣기 1
1 속이 거북하다, 소화가 안 된다, 아랫배가 불편하고 가스가 찬다.
2 ②

듣기 2
1 ☑ 안구건조증의 원인
　☐ 안구건조증의 치료 약
　☑ 안구건조증의 치료 방법
　☑ 안구건조증을 예방하는 방법
2 눈이 건조해서 일상생활에 불편을 느끼는 사람

듣기 3
1 ☑ 눈이 건조하다.
　☐ 눈이 붓는다.
　☑ 눈을 뜨기 힘들 정도로 아프다.
　☑ 머리가 아프다.
　☑ 눈물이 난다.
　☑ 눈에 모래가 들어간 느낌이 든다.
2 ☑ 노화　　☑ 염증　　☑ 휴대폰 사용
　☐ 지나친 운동　☑ 콘택트렌즈 착용
3 인공 눈물을 넣는다, 눈 주위를 마사지하거나 따뜻한 찜질을 한다.
4 ③

읽기　　　　　　　　　　　　　　　p. 47

준비 일주일에 한두 번은 라면을 먹는, 건강이 안 좋아질, 라면을 덜 먹는

읽기 1
1 ☑ 먹는 양　　☑ 외식을 하는지
　☑ 먹는 음식의 종류　☑ 규칙적으로 식사하는지

읽기 2
1 ☑ 외식을 줄여야 하는 이유
　☐ 야식으로 먹으면 안 되는 음식
　☐ 건강 유지에 도움이 되는 요리 방법
　☑ 나트륨을 몸 밖으로 내보내는 음식

2
야식을 먹는다 — 아침에 식욕이 줄어든다
단 음식을 먹는다 — 충치가 생긴다
라면을 자주 먹는다 — 혈압이 높아진다, 몸이 붓는다

3 짠 음식과 국물

3. 선택과 변화 Choices & Changes

어휘 p. 56

1 1) 만족스럽다 2) 자신감이 생기다
   3) 자랑스럽다 4) 즐기다
   5) 보람을 느끼다/보람이 있다

듣기 p. 60

[듣기 1] 1 ☑ 여자는 케이팝 오디션을 보고 가수가 됐다.
   ☐ 여자는 가수가 된 것을 후회한다.
   ☐ 여자가 살던 곳에서는 오디션이 자주 열렸다.
   ☑ 여자의 가족들은 여자에게 오디션을 보라고 권했다.

2 포기하지 말고 끝까지 도전하면 좋겠다.

[듣기 2] ③

[듣기 3] 1

2 1) 처음 만났을 때 ─ 후회스럽다.
   2) 과제를 같이 할 때 ─ 기분이 안 좋았다.
   3) 고백한 후 ─ 호감이 생겼다.
   (교차 연결)

어휘 p. 62

2 1) 비공개 2) 비정상
   3) 비대면 4) 비전문적
   5) 비현실적

읽기 p. 63

[준비] 생각이 반영되어 있습니다, 증가했습니다,
생각이 영향을 끼쳤기

[읽기 1] 1 미혼, 비혼
2 말에는 생각이 반영되어 있고, 사고방식이 변화하면 말의 뜻이 바뀌거나 새로운 단어가 사용될 수밖에 없다.

[읽기 2] 1 ①
2 학교

4. 기후와 문화 Climate & Culture

듣기 p. 76

[듣기 1] 1

2 외출할 때 우산을 챙긴다.

[듣기 2] 1 ②
2 주말에 있는 약속을 미룬다.

[듣기 3] 1 ☑ 폭우 ☐ 폭풍 ☑ 폭염 ☑ 폭설
2 ☑ 여름이 길어질 것이다.
   ☐ 겨울이 길어질 것이다.
   ☑ 폭염이 심해질 것이다.
   ☐ 폭우가 줄어들 것이다.
3 날씨 변화 때문에 생기는 피해를 줄일 수 있는 방법에 대해 이야기한다.

어휘 p. 78

2 1) 독특하다 2) 공통점이 있다
   3) 생소하다 4) 차이가 있다
   5) 친숙하다

읽기 p. 79

[준비] 강원도를, 추위를 피하기 위해 'ㅁ'자형으로 집을 지은, 대청이 있는

[읽기 1] 1 사과는 서늘하고 일교차가 큰 곳에서 재배하는 반면에 귤은 따뜻하고 강수량이 적은 곳에서 재배한다.
2 ③

[읽기 2] 1 ②
2 ①
3 강원도는 날씨가 춥고, 전라도는 겨울에도 날씨가 따뜻하기 때문에.

5. 여행의 즐거움 Delight of Travel

듣기 p. 92

듣기 1　1 ③　　2 ③

듣기 2　1 삼척에서 강릉까지 운행하는 바다열차
　　　　 2 ②
　　　　 3 강릉의 맛집에 대해 소개한다.

듣기 3　1 ☑ 어디에 갈 것인가?
　　　　　 ☐ 무엇을 먹을 것인가?
　　　　　 ☑ 무엇을 타고 이동할 것인가?
　　　　　 ☑ 몇 박 며칠로 여행을 할 것인가?
　　　　 2 • 2박 3일로 여행을 간다.
　　　　　 • 강릉과 정동진, 속초에 간다.
　　　　　 • 바다열차와 빌린 자동차를 타고 이동한다.

어휘 p. 94

2
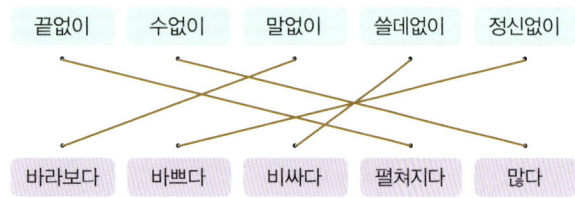

읽기 p. 95

준비　지인에게 정보를 얻으며, 인터넷 사이트와 모바일 앱에서도, 방문 경험이 많지 않기

읽기 1　1 한복 체험, 다도 체험, 한지공예 체험
　　　　 2 ②

읽기 2　1 ☐ 안동의 맛집
　　　　　 ☑ 하회마을이라고 부르는 이유
　　　　　 ☐ 하회탈놀이의 역사
　　　　　 ☑ 안동에서 할 수 있는 체험 프로그램
　　　　 2 ①
　　　　 3 탈춤 축제, 월영야행

6. 공연과 축제 Performances & Festivals

어휘 p. 104

축제를 열 때	축제에 참가할 때
행사를 진행하다	행사에 참여하다
비용을 마련하다	체험하다
장소를 찾다	참가비를 내다
일정을 정하다	날씨를 고려하다
날씨를 고려하다	

듣기 p. 108

준비

듣기 1　1 ②
　　　　 2 2) 신청 방법: 이메일로 참가 신청을 하고 요리법과 요리 사진을 자신의 SNS에 올린 후 '나만의 한우레시피'라는 해시태그를 단다.
　　　　　 3) 신청 기간: 10월 5일부터 15일까지
　　　　　 4) 혜택: 좋은 반응을 얻은 20명은 유명 요리사의 특강을 들을 수 있다. 참가자 중 10명에게 한우 세트를 선물로 준다.

듣기 2　1 '나만의 한우레시피' 행사에 같이 참가하는 것
　　　　 2 나나한테 행사에 같이 참가하자고 연락한다.

듣기 3　1 ☑ 무슨 요리를 만들 것인가?
　　　　　 ☑ 어디에서 요리를 할 것인가?
　　　　　 ☑ 재료를 누가 살 것인가?
　　　　　 ☑ 비용을 어떻게 마련할 것인가?
　　　　　 ☐ 누가 사진을 찍을 것인가?
　　　　 2 • 메뉴: 소고기 샐러드, 소고기 볶음국수 중 친구들의 반응이 좋은 것으로 선택
　　　　　 • 요리할 장소: 유진의 집
　　　　　 • 장 볼 사람: 나나와 남자
　　　　　 • 재료비: 셋이 나눠서 냄.

어휘   p. 110

긍정적
감동적이다
수준이 높다
연출이 뛰어나다
내용이 신선하다

부정적
수준이 낮다
내용이 뻔하다
기대만 못하다
연기가 형편없다

읽기   p. 111

준비 인기가 많은 게 아닙니다, 뮤지컬 하루

읽기 1
1 하루
2 1) ✗   2) ✗   3) ○   4) ✗

읽기 2
1 ☑ 축제가 열린 장소   ☑ 참가 방법
　☐ 축제 준비 과정   ☑ 평가와 의미
2 ②

7. 숫자로 보는 세상 World in Numbers

어휘   p. 120

1 성인 남녀 천 명을 대상으로 여가 시간을 어떻게 보내고 있는지에 대해 조사했습니다. 휴식을 취한다는 응답이 57%로 1위를 차지했습니다. 전체의 26%는 취미 활동을 한다고 응답했습니다. 스포츠 활동을 한다는 응답은 11%, 기타는 6%였습니다. 조사 결과 많은 사람들이 여가 시간에 특별한 활동을 하기보다는 쉬는 것으로 나타났습니다.

2 1) 이하   2) 미만   3) 이상
　4) 과반수   5) 절반   6) 1/3

듣기   p. 124

듣기 1
1 한국인이 카페에서 마시는 음료에 대해
2 1) 과반수였다.   2) 미만이었다.

듣기 2
1 ①
2 경제가 안 좋아져서

듣기 3
1 적은 돈을 들여서 기분을 좋게 바꿔 줄 수 있는 제품을 많이 사는 현상.
2 ③

어휘   p. 126

1 1) 인구가 증가하다/늘어나다
　2) 유가가 오르다
　3) 김치찌개 가격을 인하하다, 김치찌개 값이 내리다
　4) 직원 수를 줄이다

2 1) 외국인 유학생의 비율   2) 원-달러 환율
　3) 비 올 확률   4) 졸업생의 취업률
　5) 서울대의 학과별 경쟁률

읽기   p. 127

준비 통계청 자료, 절반, 줄어든/감소한, 늘어났기/증가했기

읽기 1
1 조사 대상을 누구로 할지, 몇 명에게 조사할지 생각하기
　➡ 조사 목적에 맞는 질문 만들기 ➡ 답항 만들기
2 다음으로, 마지막으로

읽기 2 1 ②   2 ①

8. 대중 문화 Pop Culture

듣기   p. 140

듣기 1
1 ②
2 수상을 하게 되어 꿈만 같다.

듣기 2
1 ☑ 영화배우   ☐ 영화감독
　☑ 영화 의상   ☑ 영화 음악
　☑ 영화의 원작
2 ②

듣기 3 1 ①   2 ②

어휘   p. 142

2
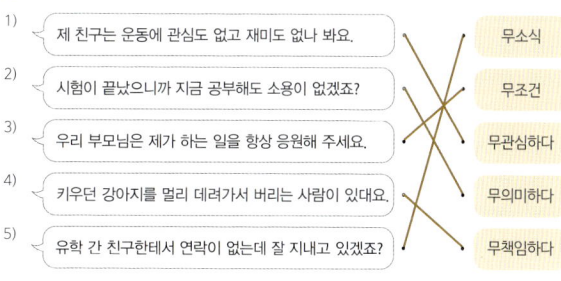
1) 제 친구는 운동에 관심도 없고 재미도 없나 봐요. — 무관심하다
2) 시험이 끝났으니까 지금 공부해도 소용이 없겠죠? — 무의미하다
3) 우리 부모님은 제가 하는 일을 항상 응원해 주세요. — 무조건
4) 키우던 강아지를 멀리 데려가서 버리는 사람이 있대요. — 무책임하다
5) 유학 간 친구한테서 연락이 없는데 잘 지내고 있겠죠? — 무소식

읽기   p. 143

준비 손에 든, 안경을 낀, 충분히 가능하다

읽기 1
1 팬들이 가수를 응원하기 위해 꽃 대신 쌀 화환을 보냈다.
2 직딩짱: 쌀을 보내는 게 좋다.
　봉사왕: 쌀 화환 덕분에 가수의 이미지가 좋아질 것이다.
　걱정군 : 쌀보다 꽃이 나을 것 같다.

읽기2   1 ②   2 ③

9. 스포츠와 세계 World of Sports

듣기 p. 156

듣기1   1 서울대가 이길 수 있다.
         2 ①

듣기2   1 한국과 노르웨이
         2 ①

듣기3   1 ①   2 ②

읽기 p. 159

준비   가장 인기 있는 운동, 차지했으나, 수영을 좋아하는

읽기1   1 모든 사람이 즐길 수 있다, 어린이의 성장,
           성인의 체력 강화와 건강 유지에 효과적,
           스트레스 해소에 도움을 준다.
        2 ①

읽기2   1 겨루기와 품새
        2 ☑ 득점 방법   ☑ 경기 시간
           ☑ 반칙   ☐ 심판의 자격
           ☑ 승부가 나는 방법 ☐ 경기 일정
        3 ☑ 손기술과 발기술의 점수가 같다.
           ☑ 몸의 모든 부분을 공격해도 된다.
           ☐ 심판은 한국어로 경기를 진행한다.
           ☐ 상대 선수보다 높은 점수를 얻으면 이긴다.

Glossary 어휘 색인

ㄱ

가공용	processing purpose	129
가능성	possibility	137
가뭄	drought	77
가스가 차다	to be gassy	40
각각	each	125
각오	determination	157
간신히	barely	154
감동적이다	to be moving	110
감소하다	to decrease	126
감정	feeling	61
갑작스럽다	to be unexpected	77
강수량이 많다	precipitation is high	78
강수량이 적다	precipitation is low	78
강화	strengthening	160
개막하다	to open	111
객관적	objective	33
걱정거리	things to worry about	104
건넌방	opposite room	79
건물로 둘러싸이다	to be surrounded by buildings	88
건조하다	to be dry	78
겨루기	sparring	161
겨울철	wintertime	122
결국	eventually	60
결승전에 진출하다	to make it to the finals	152
결정적이다	to be crucial	156
겸손하다	to be humble	141
경고	warning	52
경고를 받다	to receive a warning	158
경고를 주다	to give a warning	158
경쟁률	competition rate	126
경향	tendency	125
경험을 쌓다	to gain experience	28
계단	stairs	73
고만고만하다	to be almost the same	152
고춧가루	red pepper powder	81
곡	counting unit for song	93
곤란하다	to be difficult	75
곤충	insect	41
골대	goalpost	154
골을 넣다	to score a goal	154
공감 능력이 뛰어나다	to have extraordinary empathy	30
공개하다	to be dropped	138
공격을 막다	to play defense	158
공격하다	to play offense	158
공통점이 있다	to have common ground	78
과반수	majority	120
과식하다	to overeat	46
과외	private lesson	65
과정	process	61, 128
관계자	official	140
관광 안내도	tourist guide map	99
관련되다	to be related	27
관련성	relation	81
관심거리	things of interest	104
관심을 끌다	to attract attention	142
괴롭다	to be distressed	56
교본	textbook	60
구경거리	attraction	104
구매량	purchase quantity	127
구성하다	to compose	128
구조	structure	79
구체적	detailed	115
국적	nationality	108
군대에 가다	to join the military	61
권장량	recommended amount	50
귀가 떨어져 나가다	ears are falling off	40
규칙을 지키다	to obey the rules	158
그다지	not as much	28
그러다가	and then	60
그물(네트)에 닿다	to touch the net	158
극단적이다	to be extreme	77
근황	current situation	139
글씨	handwriting	60
긍정적	positive	30
기대만 못하다	to not meet expectations	110

한국어	영어	페이지
기록을 비교하다	to compare records	158
기록을 측정하다	to measure a record	158
기름진 음식을 먹다	to eat greasy food	46
기부하다	to donate	144
기분이 상쾌하다	feeling refreshed	94
기분이 상하다	feeling offended	94
기분이 색다르다	feeling different	94
기술하다	to describe	33
기존	existing	145
기후	climate	77
긴장하다	to be nervous	138
길거리	street	122
깜빡거리다	to blink	43
꼬리표	tag	145
꼼꼼히	thoroughly	42
꼽히다	to be in ranking	140
꽃으로 가득하다	to be full of flowers	88
꽃잎이 바람에 날리다	petals blow in the wind	88
꿈만 같다	to be like a dream	136
끝없이	endlessly	94
끼	counting unit for meals	49
끼니	meal	125

ㄴ

한국어	영어	페이지
나아지다	to become better	59
나타나다	to show up	120
나트륨	sodium	47
낙엽이 바람에 날리다	fallen leaves blow in the wind	88
날씨가 변덕스럽다	weather is unpredictable	72
날씨를 고려하다	to take the weather into consideration	104
남부	southern	79
낭비	waste	144
내기	bet	153
내리다	to bring down	126
내용이 뻔하다	content is obvious	110
내용이 신선하다	content is fresh	110
넉넉하다	to be abundant	81

한국어	영어	페이지
노랗게 물들다	to be stained yellow	88
노화	aging	45
놀이기구	amusement park ride	41
뇌	brain	49
눈꽃이 피다	snowflakes bloom	88
눈물이 흐르다	tears are falling	45
눈을 뜨다	to open one's eyes	45
눈이 건조하다	eyes are dry	40
눈이 빠지다	eyes are popping out	40
눈이 충혈되다	eyes are bloodshot	40
늘리다	to expand	126
늘어나다	to grow	126

ㄷ

한국어	영어	페이지
다도	tea ceremony	96
다소	somewhat	129
다수	majority	140
다행이다	to be a relief	58
단순히	simply	65
단풍잎이 떨어지다	autumn leaves fall	88
달게 먹다	to eat sweet	46
달빛이 비치다	moonlight shines	88
달이 뜨다	moon rises	88
달이 지다	moon sets	88
담다	to put into	90
답항	answer	128
당뇨병에 걸리다	to develop diabetes	46
당류	sugars	50
당시	at that time	145
당연하다	to be natural	65
대담	talk	45
대비하다	to prepare	76
대상	subject	120
대청	a large wooden floor	79
대체로	mostly	76
대학원에 진학하다	to enter graduate school	24
댓글	comment	144
더위가 심하다	heat is severe	78

도보	walking	96
도우미	helper	107
도자기	pottery	89
도전적	to be challenging	30
독특하다	to be unique	78
두드러기가 나다	to have a rash	40
두드리다	to tap	43
득점하다	to score a point	158
디자인과	Design Department	26
또한	also	31

ㄹ

| 리더십이 있다 | to have leadership | 30 |

ㅁ

마감일	deadline	109
마르다	to dry	45
마음을 접다	to stop liking someone/something	61
마음이 들뜨다	feeling excited	94
마음이 우울해지다	feeling depressed	94
마음이 차분해지다	feeling calm	94
마주	facing	93
마주치다	to run into	61
만약	if	157
만족감	satisfaction	125
만족스럽다	to be satisfied	56
말없이	wordlessly	94
망설이다	to hesitate	60
맞붙다	to play against	157
매끼	every meal	49
매진	sold out	111
매체	media	65
매콤하다	to be spicy	97
맺다	to form	65
머리가 깨지다	to have a splitting headache	40
먹을거리	things to eat	104
면	aspect	97

명확하다	to be clear	128
모국어	mother tongue	105
모바일	mobile	95
목이 뻣뻣하다	to have a stiff neck	40
목표를 이루다	to achieve a goal	110
몸 둘 바를 모르다	to not know how to react	141
묘사하다	to describe	89
무관심하다	to be indifferent	142
무대에 서다	to go on stage	136
무소식	no news	142
무술	martial arts	160
무승부로 끝나다	to end in a draw	152
무의미하다	to be meaningless	142
무조건	unconditionally	142
무책임하다	to be irresponsible	142
묵다	to stay	93
문항	question	128
미만	under/below	120
믿기지 않다	to be unbelievable	136
밀	wheat	82

ㅂ

바깥	outside	93
바다가 펼쳐지다	ocean unfolds	88
바라보다	to look at	93
바탕	basis	34
바탕이 되다	to be based on	62
반복적	repetitive	43
반칙을 하다	to make a foul	158
받아들이다	to accept	29
발전적이다	to be developmental	145
발휘하다	to display	157
밝히다	to reveal	121
배가 터지다	stomach is bursting	40
배려하다	to be considerate	32
벌어지다	to happen	77
별로 가득하다	to be full of stars	88
별빛이 반짝거리다	starlights twinkle	88

별이 뜨다	star rises	88
별이 지다	star sets	88
보람을 느끼다	to feel rewarded	56
보람이 있다	to be rewarded	56
보리	barley	82
보완하다	to make up	113
볶음	stir-fry	48
본인	me/you/own/oneself	108
볼거리	spectacle	104
봉사활동	volunteer work	57
부담감	burden	157
부딪히다	to bump into	65
부문	category	140
부상을 당하다	to be injured	154
북부	northern	79
분석하다	to analyze	125
분실물 센터	Lost and Found Center	75
분야	area	26
불규칙하다	to be irregular	29
불빛이 반짝거리다	lights twinkle	88
불편을 겪다	to experience inconvenience	77
비공개(적)	private	62
비기다	to tie	152
비대면	non face-to-face	62
비만이 되다	to become obese	46
비바람이 불다	rain and wind are blowing	72
비용을 마련하다	to come up with the expenses	104
비율	ratio	126
비전문적	unprofessional	62
비정상(적)	abnormal	62
비현실적	unrealistic	62
빈칸	blank	108
빨갛게 물들다	to be stained red	88
뺏기다	to be intercepted	154
뽑히다	to be selected	109

ㅅ

사건	event	61
사계절이 뚜렷하다	four seasons are distinct	78
사고방식이 변화하다	mindset is changed	62
사교적	sociable	30
사막이 펼쳐지다	desert unfolds	88
산간	between mountains	81
산으로 둘러싸이다	to be surrounded by mountains	88
살펴보다	to examine	44
삶	life	64
상반기	first half of the year	125
새 앨범을 내다	to release a new album	136
샐러드	salad	109
생각이 반영되다	thoughts are reflected	62
생소하다	to be unfamiliar	78
생활비	living expenses	25
서늘하다	to be cool	78
선글라스	sunglasses	73
선발하다	to pick	107
선보이다	to offer	113
선을 밟다	to step on the line	158
선호되다	to be preferred	64
선호하다	to prefer	122
설득력이 있다	to be persuasive	30
설명문	expository writing	81
섭취하다	to intake	49
성과	outcome	145
성장	growth	160
세계인	people around the world	160
소비	consume	125
소비량	consumption amount	129
소질이 없다	to not have talent	24
소질이 있다	to have talent	24
소통하다	to communicate	32
속이 거북하다	stomach is bloated	44
손쉽다	to be easy	65
수비하다	to defend	158
수상하다	to be awarded	136
수없이	countlessly	94
수준이 낮다	standard is low	110

수준이 높다	standard is high	110
수준	level	65
수출하다	to export	80
순	order	120
순간	moment	112
숨이 멎다	to not be able to breathe	136
숲길	forest road	90
스탠드	desk lamp	105
스트레칭	stretching	43
습도가 높다	humidity is high	78
승부가 나다	win and loss is determined	152
시들다	to wilt	144
시식	food sampling	27
시청	watching	123
시합	match	153
식사 시간이 불규칙하다	meal times are irregular	46
식욕	appetite	49
식은땀이 나다	to break out in a cold sweat	41
신경이 쓰이다	to be on one's mind	60
신비롭다	to be mysterious	89
신인	rookie	60
신청곡	song request	61
실감 나다	to sink in	136
실감이 안 나다	to not sink in	136
실감하다	to actually feel	145
실망스럽다	to be disappointing	56
실물	in person	138
실점하다	to lose a point	158
실제로	in reality	64
심장이 터질 것 같다	heart is about to burst	136
쌀쌀하다	to be chilly	72
쓸데없이	unnecessarily	94

ㅇ

아랫배	lower stomach	44
아쉽다	to be a pity	56
아슬아슬하다	to be a close call	152
악수하다	to shake hands	138

안타깝다	to be pitiful	61
암	cancer	121
야경	night view	89
야식을 먹다	to have a late-night snack	46
양반	aristocrat	97
어깨가 뻣뻣하다	to have stiff shoulders	40
어딘가	somewhere	64
어우러지다	to get along	32
어쩔 수 없다	to be unavoidable	49
얼굴에 뭐가 나다	to have a facial breakout	40
얼마 후에	before long	60
얼음찜질	ice massage	45
없애다	to get rid of	45
엉망이다	to ruin	56
엉망이 되다	to be ruined	56
여우주연상	best actress award	140
역전하다	to win from behind	152
역할을 맡다	to take on a role	136
역(할)	role	112
연간	yearly	129
연결하다	to connect	49
연구소	research institute	125
연기가 형편없다	acting is terrible	110
연령	age	121
연속으로	consecutively	154
연속	consecutive	125
연장전을 하다	to go into overtime	152
연출이 뛰어나다	directing is outstanding	110
열량	calories	50
염증	inflammation	45
영향력이 커지다	to become more influential	142
영향을 끼치다	to have an effect on	62
영향을 받다	to be affected	62
영향을 주다	to affect	62
예방하다	to prevent	45
예상을 깨다	to break expectations	140
예선에서 탈락하다	to be eliminated	152
예전	former	139

한국어	영어	쪽
예정	plan	121
예측하다	to predict	77
오르다	to go up	126
오이	cucumber	49
왕복	round trip	93
외식하다	to eat out	46
외양간	barn	79
요약하다	to summarize	63
욕을 먹다	to be insulted	60
용기를 얻다	to gain courage	142
우왕좌왕하다	to move in confusion	152
운행하다	to operate	93
워낙	so	141
원인	cause	45
원작	original work	140
원하다	to want	33
위로를 받다	to be comforted	142
위염에 걸리다	to develop gastritis	46
유머 감각이 있다	to have a sense of humor	30
유지	maintenance	49
유행을 이끌다	to lead trends	142
육류	meat	49
은퇴하다	to retire	139
응답자	respondent	128
응답하다	to respond/to answer	63, 120
의류	clothing	125
의미가 있다	to be meaningful	110
의사소통하다	to communicate	65
의상	costume	140
이끌다	to lead	32
이미지	image	144
이상	and over	120
이야깃거리	things to talk about	104
이처럼	in this way	129
이하	and below	120
인공	artificial	45
인기를 끌다	to gain popularity	136
인상하다	to raise	126
인원	number of people	116
인재상	type of talent	32
인터넷 사이트	internet site	95
인하하다	to lower	126
일거리	things to do	104
일교차가 벌어지다	to have a wide daily temperature difference	76
일교차가 크다	temperature changes are drastic	72
일단	first	93
일부	some	77
일상생활	everyday life	45
일정을 정하다	to determine the schedule	104
입맛을 당기다	to whet one's appetite	97
입소문을 타다	to spread through word of mouth	140
입장	position	33

ㅈ

한국어	영어	쪽
자격	qualification	108
자국	one's own country	113
자랑스럽다	to be proud	56
자료	material	95
자세히	in detail	90
자신감이 생기다	to gain confidence	56
자질	quality	29
작업하다	to work	26
작품에 출연하다	to appear in a movie/drama	136
잠기다	to be submerged	77
장소를 찾다	to find a venue	104
장식품	ornament	113
장점	strength	31
재배지	cultivation area	80
재배하다	to cultivate	80
재채기를 하다	to sneeze	40
적극적	active	30
적당히	moderately	49
적성에 맞다	to match one's aptitude	24
적성에 안 맞다	to not match one's aptitude	24

전공을 살리다	to make the most of one's major	24
전달하다	to relay	105
전망이 밝다	future is bright	24
전망이 어둡다	future is dark	24
전문가	expert	77
절반	half	77, 120
점수를 매기다	to give marks	158
점차	gradually	129
접하다	to encounter	129
젓갈	salted seafood	48
정부	government	121
정상적	normal	64
정식	official	160
정신없이	hectically	94
정정당당하다	to be fair and square	152
제때	regular times	49
제사	ancestral rite	97
제시하다	to present	33
제안하다	to suggest	109
조각	sculpture	89
조사하다	to survey	120
졸이다	to boil down	97
종료	end	157
종목	event	160
좋은 반응을 얻다	to receive a good response	110
주관식	short-answer question	128
주목을 받다	to be in the limelight	136
주식	staple (food)	82
주위	surrounding	45
주재원	expatriate employee	113
줄어들다	to shrink	126
줄이다	to reduce	126
중계	broadcast	156
중부	central	79
중심	center	33
쥐다	to grab	161
즉	in other words	81
즐거움을 얻다	to get pleasure	142

즐기다	to enjoy	56
즐길 거리	things to have fun	105
증가하다	to increase	64, 126
지식	knowledge	65
지인	acquaintance	95
진로를 고민하다	to worry about one's career	24
진로를 바꾸다	to change one's career	24
진로를 정하다	to determine one's career	24
진행되다	to be in process	97
짜게 먹다	to eat salty	46
짜장면	black bean sauce noodles	50
쪽지	note	138
쬐다	to bask	43

ㅊ

차분하다	to be calm	157
차이가 있다	to have a difference	78
차지하다	to account for	120
찬성	approval	109
참가비를 내다	to pay a participation fee	104
참고하다	to refer	128
창고	storage	79
창업하다	to start a business	24
창의적	creative	30
책임감이 강하다	to have a strong sense of responsibility	30
책임지다	to take responsibility	32
채	counting unit for house/building	97
첫인상	first impression	61
청소년	teenager	121
체력이 떨어지다	lose strength	156
체험하다	to experience	104
초원이 펼쳐지다	meadow unfolds	88
최대	maximum	96
추세	trend	129
추위가 심하다	cold is severe	78
출신	from (origin)	60
출연	cast	112

출전하다	to participate in	156
출처	source	121
충치가 생기다	to have a cavity	46
취업률	employment rate	126
취업하다	to get a job	24
친숙하다	to be familiar	78

ㅋ

칼럼	column	49
코스	course	93

ㅌ

택견	traditional Korean martial arts	160
토의하다	to discuss	93
통계청	Statistics Korea	125
퇴장을 당하다	to be ejected	158
투표	vote	109
튀김	fried food	48
특성	characteristics	31
특정하다	to be specific	43
팀을 옮기다	to change teams	136

ㅍ

팔이 빠지다	to have a dislocated shoulder	40
팥빙수	red bean shaved ice	50
평가하다	to evaluate	33
평균	average	121
평년	average year	76
평상시	ordinary day	97
평생	lifetime	60
폐쇄되다	to be shut down	77
포근하다	to be warm	72
포스터	poster	51
포즈를 취하다	to strike a pose	144
포함시키다	to include	33
폭설이 쏟아지다	snowing heavily	72
폭염이 계속되다	heatwave continues	72
폭우가 내리다	raining heavily	72
폭풍우가 치다	rainstorm is hitting	72
폭풍이 불다	storm blows	72
품새	form	161
퓨전	fusion	109
피부가 가렵다	skin is itchy	40
피해	damage	77
필요성	necessity	65

ㅎ

하루치	one day's proportion	49
하룻밤	one night	93
한	approximate	44
한계	limit	65
한계가 있다	to have a limit	110
한지공예	Korean paper art	96
해가 뜨다	sun rises	88
해가 지다	sun sets	88
해당되다	to be applicable	48
해설을 맡다	to be in change of commentary	156
해소	relief	160
햇볕이 뜨겁다	sunshine is hot	72
햇빛이 비치다	sunlight shines	88
행사를 진행하다	to emcee an event	104
행사에 참여하다	to take part in an event	104
현대인	modern people	49
현상	phenomenon	77
현장	on-site	113
혈압이 높아지다	one's blood pressure rises	46
형성	formation	65
형식	form	160
혜택	benefit	108
호감	good feeling	61
홍보가 안되다	to not be highly promoted	110
홍보가 잘되다	to be highly promoted	110
홍수	flood	77
화환	wreath	144
확	completely	93
확률	probability	126

확신하다	to be certain	137
환기	ventilation	42
환율	exchange rate	126
활동적	active	61
활용하다	to utilize	123
회전	round	161
효과적	effective	33
후반전	second half	156
후보	candidate	141
후회스럽다	to be regretful	56
훈련사	trainer	29
훈련시키다	to train	29
휴일	day off	29
흐름	flow	61
흔히	commonly	64
흥미진진하다	to be exciting	152

집필진 Authors

장소원
Chang Sowon
- 서울대학교 국어국문학과 교수
  Seoul National University Professor at the Department of Korean Language & Literature
- 파리 5대학교 언어학 박사
  Ph.D. in Linguistics, University of Paris 5

이정덕
Lee Jeongdeok
- 서울대학교 언어교육원 대우전임강사
  Seoul National University LEI Full-time Instructor
- 이화여자대학교 한국학(한국어교육 전공) 박사
  Ph.D. in Korean Studies(Teaching Korean as a Foreign Language), Ewha Womans University

연준흠
Yeon Joonheum
- 서울대학교 언어교육원 대우전임강사
  Seoul National University LEI Full-time Instructor
- 연세대학교 한국어교육정보학 박사
  Ph.D. in Korean Language Education and Informatics, Yonsei University

장은정
Chang Eunjung
- 서울대학교 언어교육원 대우전임강사
  Seoul National University LEI Full-time Instructor
- 이화여자대학교 외국어교육특수대학원 한국어교육학 석사
  M.A. in TKSOL(Teaching Korean to Speakers of Other Languages), Ewha Womans University

번역 Translator

이수잔소명
Lee Susan Somyung
- 통번역가
  Translator & Interpreter
- 서울대학교 한국어교육학 석사
  M.A. in Korean Language Education as a Foreign Language, Seoul National University

번역 감수 Translation Supervisor

손성옥
Sohn Sung-Ock
- UCLA 아시아언어문화학과 교수
  UCLA Professor at the Department of Asian Languages & Cultures

감수 Supervisor

안경화
Ahn Kyunghwa
- 전 서울대학교 언어교육원 대우교수
  Former Seoul National University LEI Professor

자문 Consultants

한재영
Han Jae Young
- 한신대학교 명예교수
  Hanshin University Honorary Professor

최은규
Choi Eunkyu
- 전 서울대학교 언어교육원 대우교수
  Former Seoul National University LEI Professor

도와주신 분들 Contributing Staff

- 디자인 Design   (주)이츠북스 ITSBOOKS
- 삽화 Illustration   (주)예성크리에이티브 YESUNG Creative
- 녹음 Recording   미디어리더 Media Leader

서울대 한국어+
Student's Book 4A

초판 1쇄 발행 2023년 6월 30일
초판 3쇄 발행 2024년 12월 20일

지은이	서울대학교 언어교육원
펴낸곳	서울대학교출판문화원
주소	08826 서울 관악구 관악로 1
도서주문	02-889-4424, 02-880-7995
홈페이지	www.snupress.com
페이스북	@snupress1947
인스타그램	@snupress
이메일	snubook@snu.ac.kr
출판등록	제15-3호

ISBN 978-89-521-3177-5 04710
     978-89-521-3116-4 (세트)

ⓒ 서울대학교 언어교육원 · 2023

이 책과 음원은 저작권법에 의해서 보호를 받는 저작물이므로
무단 전재와 복제를 금합니다.

Written by Language Education Institute, Seoul National University
Published by Seoul National University Press

Copyright ⓒ 2023 by Language Education Institute, Seoul National University

All rights reserved. No part of this publication may be reproduced in any form
without the written permission from publisher.

서울대 한국어+ 문법과 표현 4A

Student's Book

서울대학교출판문화원

4A

단원	과	문법과 표현
1 진로와 적성	1-1. 진로	① 동-는다면서(요)?, 형-다면서(요)?, 명이라면서(요)? ② 동-다(가) 보면
	1-2. 능력과 자질	③ 명은 동-는다는 것이다, 명은 형-다는 것이다 　　명은 명이라는 것이다 ④ 명뿐만 아니라, 동형-을 뿐만 아니라 　　명일 뿐만 아니라
2 건강한 삶	2-1. 질병과 증상	① 동형-을 정도로, 동형-을 정도이다 ② 명만 되면, 동-기만 하면
	2-2. 건강한 습관	③ 동-는 셈이다, 형-은 셈이다, 명인 셈이다 ④ 동형-을 수밖에 없다, 명일 수밖에 없다
3 선택과 변화	3-1. 만족과 후회	① 동-으려다(가) ② 동-다(가) 보니(까)
	3-2. 사회 변화	③ 동형-음, 명임 ④ 동-는가?, 형-은가?, 명인가?
4 기후와 문화	4-1. 날씨와 기후	① 동-는다더라고(요), 형-다더라고(요) 　　명이라더라고(요) ② 동-는 바람에
	4-2. 기후와 문화의 특징	③ 명을 비롯해(서), 명을 비롯한 ④ 동-는 반면(에), 형-은 반면(에), 명인 반면(에)
5 여행의 즐거움	5-1. 아름다운 풍경	① 명이면 명 명이면 명 ② 어찌나 동-는지, 어찌나 형-은지, 어찌나 명인지
	5-2. 여행의 기쁨	③ 동-는 듯하다, 형-은 듯하다, 명인 듯하다 ④ 동형-으며, 명이며

단원	과	문법과 표현
6 공연과 축제	6-1. 함께 즐기는 축제	① 동형-던데(요), 명이던데(요) ② 동-는다고 보다, 형-다고 보다, 명이라고 보다
	6-2. 감상과 평가	③ 여간 동-는 것이 아니다, 여간 형-은 것이 아니다 여간 명인 것이 아니다, 여간 동형-지 않다 ④ 명이야말로
7 숫자로 보는 세상	7-1. 조사 결과	① 명에 따라(서), 동-느냐에 따라(서) 형-으냐에 따라(서), 명이냐에 따라(서) ② 명에 의하면
	7-2. 통계와 그래프	③ 명에 불과하다 ④ 명을 통해(서)
8 대중문화	8-1. 스타와 대중문화	① 동형-을 리(가) 없다, 명일 리(가) 없다 ② 명만 못하다
	8-2. 대중문화의 영향	③ 동-은 채(로) ④ 동-는다 싶다, 형-다 싶다, 명이다 싶다
9 스포츠의 세계	9-1. 흥미진진한 경기	① 동-으나 마나 ② 동-기는 틀렸다
	9-2. 경기와 규칙	③ 명으로(서) ④ 동형-으나, 명이나

서울대 한국어 +

1단원

❶ 동-는다면서(요)?, 형-다면서(요)?, 명이라면서(요)?

가: 오늘 교수님과 **상담을 한다면서요?**
나: 네. 아직 진로를 정하지 못해서 교수님과 이야기해 보려고요.

▶ 다른 사람에게 듣거나 이미 알고 있는 사실을 확인할 때 사용합니다.
These expressions are used to confirm information that the speaker heard.

예 가: 방학에 부산에 **간다면서요?**
나: 네. 오랜만에 부산에 사는 친구를 만나려고요.

가: 한국은 과일값이 **비싸다면서요?**
나: 네. 너무 비싸서 자주 사 먹기 힘들어요.

동-는다면서(요)?	가다	→ 간다면서요?
	먹다	→ 먹는다면서요?
형-다면서(요)?	비싸다	→ 비싸다면서요?
	재미있다	→ 재미있다면서요?
명이라면서(요)?	친구	→ 친구라면서요?
	생일	→ 생일이라면서요?
동형-었다면서(요)?	보다	→ 봤다면서요?
	길다	→ 길었다면서요?
	잘하다	→ 잘했다면서요?
명이었다면서(요)?	친구	→ 친구였다면서요?
	생일	→ 생일이었다면서요?
동-을 거라면서(요)?	취업하다	→ 취업할 거라면서요?
	읽다	→ 읽을 거라면서요?

❷ 동-다(가) 보면

가: 요즘 수영을 배우기 시작했는데 너무 재미있어요. 그런데 아직 조금밖에 못 가요.
나: 걱정하지 마세요. 계속 **연습하다가 보면** 더 멀리 갈 수 있을 거예요.

▶ 앞의 행동을 계속하면 나중에 뒤의 결과가 생길 수 있다는 것을 말할 때 사용합니다.
This expression indicates that if you continue to do something for a while, then the following outcomes may occur.

> 예 가: 저는 요리에 소질이 없나 봐요. 제가 만든 요리는 너무 맛이 없어요.
> 나: 자주 **요리를 하다 보면** 지금보다 잘하게 될 거예요.
>
> 가: 한국 음식은 너무 매워서 먹을 때마다 좀 힘들어요.
> 나: 한국 음식이 좀 맵지만 계속 **먹다 보면** 익숙해질 거예요.

▶ '-다(가) 보면'은 보통 결과를 추측할 때 쓰는 '-을 수 있다' 또는 '-을 것이다'와 함께 사용합니다.
'-다(가) 보면' may occur with expressions such as, '-을 수 있다' or '-을 것이다.'

▶ '-다(가) 보면' 뒤에 오는 문장에 과거 시제는 사용할 수 없습니다.
Past tense cannot be used in the verb that follows '-다(가) 보면,' as shown below.

> 예 • 매일 운동을 하다 보면 건강이 좋아졌어요. (×)
> • 매일 운동을 하다 보면 건강이 좋아질 거예요. (○)

❸ 명은 동-는다는 것이다, 명은 형-다는 것이다, 명은 명이라는 것이다

제 **장점**은 공감 능력이 **뛰어나다는 것입니다**.

▶ 주어가 가진 뜻이나 내용을 자세히 설명할 때 사용합니다.
These expressions are used to describe the meaning or content of a subject in detail.

예
- 나나 씨의 **장점**은 항상 **웃는다는 것이다**.
- 방학의 **좋은 점**은 아무 걱정 없이 **쉴 수 있다는 것이다**.
- 제가 생각하는 제 가장 큰 **단점**은 **소극적이라는 것입니다**.
- 이번 여행에서 **기억에 남는 점**은 호텔의 시설이 아주 **좋았다는 것이다**.

명은 동-는다는 것이다	보다	→ 본다는 것이다
	먹다	→ 먹는다는 것이다
명은 형-다는 것이다	크다	→ 크다는 것이다
	없다	→ 없다는 것이다
명은 명이라는 것이다	가수	→ 가수라는 것이다
	창의적	→ 창의적이라는 것이다
명은 동형-었다는 것이다	작다	→ 작았다는 것이다
	먹다	→ 먹었다는 것이다
	중요하다	→ 중요했다는 것이다
명은 명이었다는 것이다	혼자	→ 혼자였다는 것이다
	적극적	→ 적극적이었다는 것이다
명은 동-을 거라는 것이다	취업하다	→ 취업할 거라는 것이다
	읽다	→ 읽을 거라는 것이다

④ 명뿐만 아니라, 동형-을 뿐만 아니라, 명일 뿐만 아니라

유진 씨는 **운동을 잘할 뿐만 아니라** 노래도 잘 부른다.

▶ 앞의 특성을 말하고 다른 특성을 추가할 때 사용합니다.
These expressions are used when adding an attribute to the preceding attribute.

예
- **어른들뿐만 아니라** 아이들도 스트레스를 받는다.
- 비빔밥은 **맛있을 뿐만 아니라** 건강에도 좋다.
- 민수 씨는 **잘생겼을 뿐만 아니라** 성격도 좋다.
- 엥흐 씨는 모든 일에 **적극적일 뿐만 아니라** 항상 긍정적으로 생각한다.

동형-을 뿐만 아니라	가다	→ 갈 뿐만 아니라
	많다	→ 많을 뿐만 아니라
명일 뿐만 아니라	문제	→ 문제일 뿐만 아니라
	적극적	→ 적극적일 뿐만 아니라
동형-었을 뿐만 아니라	가다	→ 갔을 뿐만 아니라
	적다	→ 적었을 뿐만 아니라
	친절하다	→ 친절했을 뿐만 아니라
명이었을 뿐만 아니라	아버지	→ 아버지였을 뿐만 아니라
	가족	→ 가족이었을 뿐만 아니라

▶ 앞 절과 뒤 절의 주어나 화제가 같아야 합니다.
The subjects or topics of the preceding and following clauses need to be same.

예
- 진호는 재미있을 뿐만 아니라 철수는 공감 능력이 뛰어나다. (×)
- 진호는 재미있을 뿐만 아니라 (진호는) 공감 능력이 뛰어나다. (○)

2단원

❶ 동형-을 정도로, 동형-을 정도이다

가: 김치 먹어 보니까 어때요?
나: 입에서 **불이 날 정도로** 매워요.

▶ 어떤 행동 또는 상태의 성질이나 수준을 비유적으로 강조할 때 사용합니다.
These expressions are used to figuratively emphasize the extent to which a state of affairs applies.

예
가: 또 라면을 먹어요? 라면을 정말 좋아하나 봐요.
나: 네. 저는 라면을 매일 **먹을 정도로** 좋아해요.

가: 밖에 비 많이 와요? 오후에 그칠 줄 알고 우산 안 가져왔는데….
나: **앞이 안 보일 정도로** 많이 오는 것 같아요. 내 우산 같이 쓰고 갈래요?

동형-을 정도로	크다	→ 클 정도로
	먹다	→ 먹을 정도로
동형-었을 정도로	가다	→ 갔을 정도로
	없다	→ 없었을 정도로
	하다	→ 했을 정도로

▶ '-을 정도이다'의 형태로도 사용됩니다.
This expression is also used in the form '-을 정도이다.'

예
• 아침에 일어나자마자 커피를 마실 정도로 커피를 좋아해요.
  = 커피를 너무 좋아해서 아침에 일어나자마자 **마실 정도예요**.

❷ 명만 되면, 동-기만 하면

가: 자꾸 재채기하는 걸 보니까 감기에 걸렸나 봐요.
나: 알레르기 비염이에요. 저는 **봄만 되면** 비염이 심해져요.

▶ 동일한 상황이 반복될 때 그 조건을 나타내기 위해 사용합니다. 보통 부정적인 상황을 설명할 때 사용합니다.
These expressions are used to indicate a condition that results in the same situation repeatedly. It usually describes a negative situation.

> **예** 가: 민수 씨랑 소날 씨가 또 싸웠나 봐요.
> 나: 네. 두 사람은 **만나기만 하면** 싸워요.
>
> 가: 더운데 문을 좀 열까요?
> 나: 잠깐만요. 문을 **열기만 하면** 파리가 들어와요. 에어컨을 켜는 게 나아요.

▶ 시간을 나타내는 명사와 함께 쓸 수 있습니다.
It can be used with a noun that represents time.

> **예**
> • 옆집 아기가 **밤만 되면** 울어요.
> • 매일 아침 6시에 일어났더니 알람을 맞추지 않아도 **6시만 되면** 눈이 떠져요.

▶ '명을 동-기만 하면'은 '명만 동-으면'으로 쓸 수 있고 '명에 가기만 하면'은 '명(에)만 가면'으로 쓸 수 있습니다.
'명을 동-기만 하면' can be used as '명만 동-으면,' and '명에 가기만 하면' can be used as '명(에)만 가면.'

> **예**
> • 저는 **매운 음식을 먹기만 하면** 몸에 두드러기가 나요.
>   = 저는 **매운 음식만 먹으면** 몸에 두드러기가 나요.
>
> • 그 **식당에 가기만 하면** 과식을 해요.
>   = 그 **식당(에)만 가면** 과식을 해요.

❸ 동-는 셈이다, 형-은 셈이다, 명인 셈이다

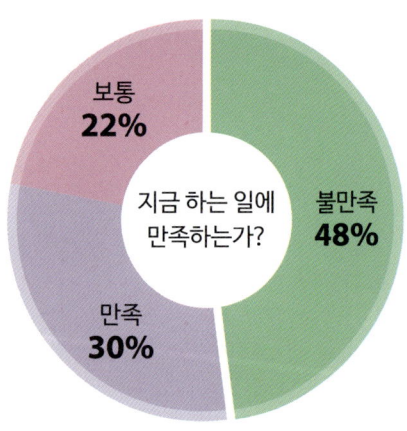

조사 결과, 직장인 중 48%가 자신의 일에 만족하지 않는다고 응답했습니다. 즉, 직장인 두 명 중 한 명은 자신의 일에 **불만을 갖고 있는 셈입니다.**

▶ 생각해 보면 어떤 상황과 결과가 비슷함을 나타낼 때 사용합니다. 계산해서 나온 결과를 간단하게 표현할 때 자주 사용합니다.
These expressions are used to indicate that a situation and result are similar after some thought. They are often used to interpret results of some calculation.

- 청소년의 18%가 과식을 한다고 응답했다. 다섯 명 중 한 명은 **과식을 하는 셈이다.**
- 돈을 더 내야 하기는 하지만 한 개 가격을 생각하면 1+1 상품이 더 **싼 셈이다.**
- 이 아르바이트를 하려면 운전면허도 필요하고, 한국어 능력도 좋아야 한다. 자격이 꽤 **까다로운 셈이다.**
- 10,000원짜리 메뉴가 10,980원이 되었으니 가격이 10% 정도 **오른 셈이다.**

동-는 셈이다	하다	→ 하는 셈이다
	먹다	→ 먹는 셈이다
형-은 셈이다	싸다	→ 싼 셈이다
	낡다	→ 낡은 셈이다
명인 셈이다	효과적	→ 효과적인 셈이다
동-은 셈이다	오르다	→ 오른 셈이다
	잡다	→ 잡은 셈이다

❹ 동형-을 수밖에 없다, 명일 수밖에 없다

초콜릿 같은 단 음식을 많이 먹으면 **충치가 생길 수밖에 없다.**

▶ 어떤 결과가 나오는 것이 당연하다는 것을 말할 때 또는 다른 선택의 가능성이 없어서 그것만을 해야 한다는 것을 말할 때 사용합니다.
These expressions are used when the result is obvious or when that is the only option you have left to do because there are no other alternatives.

예
- 시험을 잘 보려면 열심히 **공부할 수밖에 없다.**
- 배가 고프면 맛없는 음식이라도 **먹을 수밖에 없다.**
- 지하철에서는 옆 사람의 이야기가 **들릴 수밖에 없다.**
- 겨울에 얇은 티셔츠만 입고 외출하면 **추울 수밖에 없다.**

동형-을 수밖에 없다	하다	→ 할 수밖에 없다
	맛있다	→ 맛있을 수밖에 없다
명일 수밖에 없다	적극적	→ 적극적일 수밖에 없다

▶ 가능성에 대한 추측을 하는 표현이기 때문에 1인칭 주어의 행위에 대해 사용하면 어색할 때도 있습니다.
Since they are expressions that make a conjecture about a possibility, using the first-person subject may sometimes sound awkward.

예
- 나는 어제 밤을 새웠으니까 지금쯤 자고 있을 수밖에 없다. (×)
- 나나 씨는 어제 밤을 새웠으니까 지금쯤 자고 있을 수밖에 없다. (○)

▶ 주로 평서문이나 의문문으로 쓰며 명령문이나 청유문으로 쓸 수 없습니다.
These expressions are mainly used in declarative or interrogative sentences and cannot be used in imperative or propositive sentences.

예
- 좋은 재료로 음식을 만들면 음식이 맛있을 수밖에 없읍시다. (×)
- 좋은 재료로 음식을 만들면 음식이 맛있을 수밖에 없겠지요? (○)

3단원

❶ 동-으려다(가)

가: 나나 씨, 취업한다고 했지요? 준비는 잘돼 가요?
나: 아니요. **취업하려다가** 대학원에 진학하기로 했어요.

▶ 어떤 의도나 목적을 가진 일을 하지 않거나 다른 행동으로 바꾸었음을 말할 때 사용합니다.
This expression is used when you did not perform an act with an intent or purpose, or when you have made a change in your action.

예 가: 머리 아프다면서요? 약 먹었어요?
나: 약을 **먹으려다가** 빈속에 먹으면 안 좋을 것 같아서 참고 있어요.

가: 다음 학기에도 온라인 수업을 신청했어요?
나: 아니요. 온라인 수업을 **들으려다가** 교실 수업을 듣기로 했어요.

동-으려다(가)	가다	→ 가려다가
	먹다	→ 먹으려다가

▶ '-으려다(가)'가 들어가는 문장의 후행절에는 과거에 이미 결정한 일을 씁니다.
The clause that follows '-으려다(가)' indicates something that has already been determined.

예 • 도서관에 가려다가 날씨가 너무 추워서 집에서 공부할 거예요. (×)
• 도서관에 가려다가 날씨가 너무 추워서 집에서 공부했어요. / 공부하고 있어요. (○)

▶ '-으려다(가)'의 앞뒤 절의 주어는 같습니다.
The subjects of the clauses preceding and following '-으려다(가)' are the same.

예 • (내가) 친구를 만나려다가 친구가 나를 찾아왔어요. (×)
• (내가) 친구를 만나려다가 몸이 안 좋아서 (내가) 그냥 집에 갔어요. (○)

❷ 동-다(가) 보니(까)

가: 어떻게 그렇게 듣기 실력이 좋아졌어?
나: 라디오 방송을 **듣다 보니까** 듣기 실력이 좋아졌어. 너도 그렇게 해 봐.

▶ 뒤에 어떠한 결과를 가져오는 지속적이거나 반복적인 행동을 나타낼 때 사용합니다.
This expression is used to indicate a continuous or repetitive behavior that results in the following consequences.

예
가: 테오 씨 지난번 봤을 때보다 얼굴이 더 좋아 보여요.
나: 고마워요. 열심히 **운동을 하다 보니까** 건강이 좋아졌어요.

가: 왜 늦게 왔어요? 한참 기다렸잖아요.
나: 미안해요. 오랜만에 만난 친구와 **이야기하다 보니까** 시간이 가는 줄 몰랐어요.

▶ '-다(가) 보니(까)' 뒤에는 '형-어지다' 또는 '동-게 되다'와 같이 변화나 결과를 나타내는 표현이 주로 옵니다.
Following '-다(가) 보니(까),' expressions that show changes or results, such as '형-어지다' or '동-게 되다,' are commonly used.

예
• 김치를 자주 먹다 보니까 좋아해요. (×)
• 김치를 자주 먹다 보니까 좋아하게 됐어요. (○)

TIPS

동-다(가) 보니(까)	동-다(가) 보면 (4A 1단원)
뒤 절에 이미 발생한 결과가 옵니다.	뒤 절에 앞으로 발생 가능한 결과가 옵니다.
The consequence that has already occurred comes in the clause that follows.	The possible consequence comes in the clause that follows.
예 • 휴대폰을 오래 보다 보니까 눈이 나빠졌어요.	예 • 휴대폰을 오래 보다 보면 눈이 나빠질 거예요.

❸ 동형-음, 명임

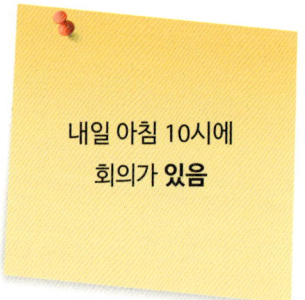
내일 아침 10시에 회의가 **있음**

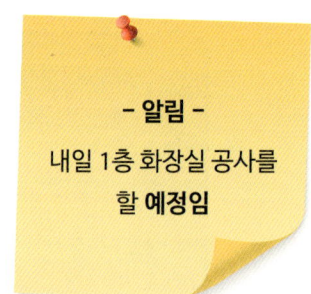
- 알림 -
내일 1층 화장실 공사를 할 **예정임**

▶ 어떤 사실을 기록하거나 글로 알릴 때 사용합니다. 메모나 요약문 등의 글에서 주로 사용합니다.
These expressions are used to record a fact or make an announcement in a written form. These expressions are mainly used in written texts such as memos or summaries.

 길 없음
 여기에 쓰레기를 버리면 안 됨
 직원 구함
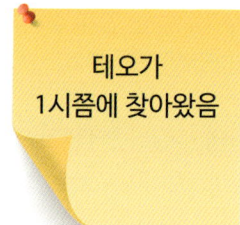 테오가 1시쯤에 찾아왔음

동형-음	크다	→ 큼
	먹다	→ 먹음
	길다	→ 긺
명임	친구	→ 친구임
	학생	→ 학생임

▶ 과거를 나타내는 문장은 과거와 현재를 모두 사용할 수 있습니다.
Sentences that represent a past event may use both the past and present tense.

예 • 테오 씨가 1시쯤에 찾아왔어요. ➡ 테오 씨가 1시쯤에 찾아옴 (○)
　　　　　　　　　　　　　　　　　테오 씨가 1시쯤에 찾아왔음 (○)

▶ '-하다'가 들어간 동사는 '-함'으로 줄여 쓰기도 하고, '-함'을 생략하기도 합니다.
Verbs with '-하다' can either be abbreviated as '-함' or '-함' can be omitted.

예 • 한국은 의료기술이 발전했다. ➡ 한국은 의료기술이 발전함 / 발전

❹ 동-는가?, 형-은가?, 명인가?

최근 플라스틱 쓰레기가 늘어나고 있다. 쓰레기를 줄이려면 **어떻게 해야 하는가?**

▶ 글에서 질문이나 의문을 나타낼 때 사용합니다.
These expressions are used in writing to indicate questions or doubt.

예
- 우리는 지금 **어디로 가는가?**
- 이 문제를 해결하려면 **무엇이 필요한가?**
- 지금 가장 중요한 것은 **무엇인가?**
- 조선 시대 사람들은 **무엇을 먹었는가?**

동-는가? 있다, 없다	하다	→ 하는가?
	먹다	→ 먹는가?
	있다	→ 있는가?
형-은가?	필요하다	→ 필요한가?
	좋다	→ 좋은가?
명인가?	직업	→ 직업인가?
	언제	→ 언제인가?
동형-었는가?	가다	→ 갔는가?
	적다	→ 적었는가?
	따뜻하다	→ 따뜻했는가?
명이었는가?	문제	→ 문제였는가?
	일	→ 일이었는가?

▶ '-겠-'은 '-는가?'와 함께 쓰고, '-을 것이다'의 경우에는 '-을 것인가?'로 씁니다.
'-겠-' is used with '-는가?', and for '-을 것이다,' it is written as '-을 것인가?'

예
- 인간이 무엇을 **할 수 있겠는가?**
- 아이가 원하는 일을 **할 수 있을 것인가?**

▶ 부정형의 경우 '동-지 않는가?', '형-지 않은가?', '명이 아닌가?'로 씁니다.
For negative sentences, '동-지 않는가?', '형-지 않은가?', '명이 아닌가?' are used.

예
- 왜 그 말을 **믿지 않는가?**
- 환경이 **중요하지 않은가?**
- 문제인가, **문제가 아닌가?**

4단원

❶ 동-는다더라고(요), 형-다더라고(요), 명이라더라고(요)

가: 일기 예보에서 들었는데 오후에 비가 많이 **온다더라고요**.

나: 하늘이 점점 어두워지는 걸 보니 정말 곧 비가 올 것 같아요.

▶ 전에 직접 들어 새로 알게 된 사실을 지금 듣는 사람에게 전할 때 사용합니다.
These expressions are used to convey a new fact that one directly heard before to another person.

예
가: 나나 씨가 요즘 모임에 안 나오네요. 무슨 일 있는 건 아니겠죠?
나: 바빠서 그럴 거예요. 나나 씨가 요즘 창업을 **준비한다더라고요**.

가: 내일 행사에 뭐 준비해 갈 게 있을까요?
나: 여권을 가져가세요. 참가 신청을 하려면 여권이 **필요하다더라고요**.

동-는다더라고(요)	하다	→ 한다더라고요
	먹다	→ 먹는다더라고요
형-다더라고(요)	필요하다	→ 필요하다더라고요
	재미없다	→ 재미없다더라고요
명이라더라고(요)	친구	→ 친구라더라고요
	직업	→ 직업이라더라고요
동 형-었다더라고(요)	가다	→ 갔다더라고요
	재미있다	→ 재미있었다더라고요
	따뜻하다	→ 따뜻했다더라고요
명이었다더라고(요)	문제	→ 문제였다더라고요
	일	→ 일이었다더라고요

▶ 친한 친구에게는 '동-는다더라고요'의 '요' 또는 '-고요'를 빼고 '동-는다더라고', '동-는다더라'로 말할 수 있습니다.
To a close friend, you can either omit '요' or '-고요' in the expression '동-는다더라고요' and instead say '동-는다더라고' and '동-는다더라.'

예 • 라면 한 그릇을 김치랑 같이 먹으면 하루치 나트륨을 다 먹는 셈이라더라고요.
= 라면 한 그릇을 김치랑 같이 먹으면 하루치 나트륨을 다 먹는 셈이라더라고.
= 라면 한 그릇을 김치랑 같이 먹으면 하루치 나트륨을 다 먹는 셈이라더라.

❷ 동-는 바람에

가: 오늘은 일찍 온다더니 또 늦었네?
나: 미안해. 내가 탄 버스가 갑자기 **사고가 나는 바람에** 늦었어.

▶ 예상하지 못한 원인이나 이유가 부정적인 결과를 가져올 때 사용합니다.
This expression is used when an unexpected cause or reason brings a negative result.

예
가: 왜 그래요? 어디 아파요?
나: 속이 좀 안 좋아서요. 저녁을 너무 **급하게 먹는 바람에** 체했어요.

가: 어제 본 영화는 어땠어요? 재미있었어요?
나: 아니요. 극장에서 옆 사람이 **떠드는 바람에** 영화를 제대로 못 봤어요.

▶ 이미 일어난 일에 대한 이유를 설명할 때 쓰기 때문에 뒤에는 항상 과거 시제만 사용합니다. 명령문, 청유문은 사용할 수 없습니다.
Because this expression is used to describe a reason for something that has already occurred, the following clause must be in the past tense. It cannot be used with an imperative or propositive clause.

예
- 교통사고가 나는 바람에 병원에 입원할 거예요. (×)
- 교통사고가 나는 바람에 병원에 입원했어요. (○)

▶ 과거의 일을 이야기하지만 '-은 바람에'는 쓰지 않습니다.
Although it is referring to something that occurred in the past, '-은 바람에' is not used.

예
- 감기에 걸린 바람에 하루 종일 집에서 쉬었어요. (×)
- 감기에 걸리는 바람에 하루 종일 집에서 쉬었어요. (○)

❸ 명을 비롯해(서), 명을 비롯한

그 식당에서는 **비빔밥을 비롯해** 다양한 한국 음식을 판다.

▶ 앞에 있는 것을 중심으로 다른 예를 더 들어 말할 때 사용합니다.
These expressions are used when adding another example based on what was already mentioned.

> 예
> - **나를 비롯해서** 친구 여러 명이 함께 동아리를 만들었다.
> - **한국을 비롯한** 동아시아 지역에서는 식사할 때 젓가락을 사용한다.
> - 이번 휴가 때는 **부산을 비롯한** 경상도 남쪽을 여행할 것이다.
> - **시금치를 비롯한** 녹색 채소에는 비타민이 많이 들어 있다.

▶ 보통 대표적인 것을 예로 듭니다.
Usually, the most representative example is given.

> 예
> - 불고기를 비롯한 많은 한국 음식들이 다른 나라에 알려졌다. (○)
> - 올챙이국수를 비롯한 많은 한국 음식들이 다른 나라에 알려졌다. (?)

❹ 동-는 반면(에), 형-은 반면(에), 명인 반면(에)

에릭 씨는 **축구는 잘하는 반면에** 노래는 못한다.

▶ 앞에 오는 말과 뒤에 오는 말이 서로 반대되는 사실임을 나타낼 때 사용합니다.
These expressions indicate that clauses that precede and follow them are the opposite in meaning.

예
- 나는 **요리는 잘하는 반면에** 청소는 잘 못한다.
- 우리 형은 **키가 큰 반면에** 나는 키가 작다.
- 지선 씨는 한국 노래에 **관심이 많은 반면에** 영수 씨는 한국 노래에 관심이 별로 없다.
- 내 동생은 모든 일에 **적극적인 반면에** 나는 소극적인 편이다.

동-는 반면(에) 있다, 없다	보다	→ 보는 반면에
	먹다	→ 먹는 반면에
	있다	→ 있는 반면에
형-은 반면(에)	필요하다	→ 필요한 반면에
	좋다	→ 좋은 반면에
명인 반면(에)	소극적	→ 소극적인 반면에
동-은 반면(에)	가다	→ 간 반면에
	먹다	→ 먹은 반면에

▶ 한 주어의 서로 다른 특성에 대해 말할 수도 있고 다른 주어들의 차이점을 말할 때도 사용할 수 있습니다.
You may use it to describe the different characteristics of one subject or the differences between more than one subject.

예
- 그 집은 **위치가 좋은 반면에** 비싸다.
- 나는 매운 음식을 **좋아하는 반면에** 우리 형은 매운 음식을 싫어한다.

5단원

❶ 몡이면 몡 몡이면 몡

가: 여행 가고 싶은데 어디가 좋을까?
나: 강원도 어때? 강원도는 **산이면 산 바다면 바다**, 다 좋아.

▶ 둘 이상의 사물을 예로 들어 표현할 때 사용합니다.
This expression is used to give an example using more than one item.

예 가: 이 식당은 뭐가 맛있어요?
나: 이 식당은 **밥이면 밥 면이면 면**, 모두 맛있어요.

가: 민수 씨는 뭐든지 잘하는 것 같아요.
나: 맞아요. 민수 씨는 **공부면 공부 운동이면 운동**, 못하는 게 없어요.

▶ 예를 드는 것이 두 가지 이상이 되어야 합니다.
The example given needs to include two or more things.

예 • 이 호텔은 교통이면 교통 불편한 게 전혀 없어요. (×)
• 이 호텔은 **교통이면 교통 시설이면 시설**, 불편한 게 전혀 없어요. (○)

▶ 뒤 절에는 예외가 없음을 강조하기 위해 '동-는 게 하나도 없다', '모두, 다'와 같이 전체를 포함하는 표현이 주로 나옵니다.
In order to emphasize that there are no exceptions, inclusive expressions such as '동-는 게 하나도 없다,' '모두, 다' usually follow.

예 • 진호 씨는 **축구면 축구 농구면 농구**, 못하는 운동이 하나도 없어요. (○)
• 진호 씨는 축구면 축구 농구면 농구, 잘하는 게 많아요. (?)

❷ 어찌나 동-는지, 어찌나 형-은지, 어찌나 명인지

평소에는 십 분밖에 안 걸리는데….

가: 왜 이렇게 늦었어?
나: 미안해. **어찌나 길이 막히는지** 평소에는
   십 분밖에 안 걸리는데 오늘은 한 시간이나 걸렸어.

▶ 뒤의 결과를 가져온 앞 일의 상태나 정도가 심하다는 것을 나타낼 때 사용합니다.
These expressions are used to describe the severe state or extent of the preceding event that led to the consequence.

예 가: 오늘 정말 더웠죠?
   나: 네. 날씨가 **어찌나 더운지** 옷이 땀으로 다 젖었어요.

   가: 민우 씨가 시험을 아주 잘 봤다면서요?
   나: 네. 민우 씨가 공부를 **어찌나 열심히 했는지** 모든 과목에서 100점을 받았대요.

어찌나 동-는지	막히다	→ 어찌나 막히는지
	듣다	→ 어찌나 자주 듣는지
어찌나 형-은지	크다	→ 어찌나 큰지
	많다	→ 어찌나 많은지
어찌나 명인지	부정적	→ 어찌나 부정적인지
어찌나 동형-었는지	좋다	→ 어찌나 좋았는지
	잘생기다	→ 어찌나 잘생겼는지
	깨끗하다	→ 어찌나 깨끗했는지

▶ '어찌나 동-는지'의 경우 동사 앞에는 '많이', '잘' 등과 같이 동사를 꾸며 주는 부사를 써야 자연스럽습니다.
In the case of '어찌나 동-는지,' it is natural to use adverbs such as '많이,' '잘' etc.

예 • 친구가 **어찌나 밥을 많이 먹는지** 음식이 모자랐다. (○)
   • 친구가 어찌나 밥을 먹는지 음식이 모자랐다. (?)
   • 룸메이트가 **어찌나 음식을 잘 만드는지** 요리사 같다. (○)
   • 룸메이트가 어찌나 음식을 만드는지 요리사 같다. (?)

❸ 동-는 듯하다, 형-은 듯하다, 명인 듯하다

친구가 젖은 우산을 들고 들어오는 것을 보니 지금 밖에 **비가 오는 듯하다**.

▶ 어떤 사실이나 상황에 대해 추측할 때 사용합니다. '동-는 것 같다', '형-은 것 같다'와 같은 의미로 글을 쓰거나 공식적 상황에서 사용합니다.
These expressions are used to make a guess about a fact or situation. They have the identical meaning as '동-는 것 같다,' '형-은 것 같다' but are used normally in written texts or official settings.

예
- 시험 점수가 좋은 걸 보니 열심히 **공부한 듯하다**.
- 하늘에 먹구름이 많은 걸 보니 곧 **비가 올 듯하다**.
- 학생들 평균 점수가 낮은 걸 보니 이번 시험은 지난번 시험보다 더 **어려운 듯하다**.
- 소날과 나나가 서로 마음속 이야기를 다 하는 걸 보니 아주 **친한 사이인 듯하다**.

동-는 듯하다	하다	→ 하는 듯하다
	입다	→ 입는 듯하다
형-은 듯하다	바쁘다	→ 바쁜 듯하다
	좋다	→ 좋은 듯하다
명인 듯하다	친구	→ 친구인 듯하다
	생일	→ 생일인 듯하다
동-은 듯하다	가다	→ 간 듯하다
	먹다	→ 먹은 듯하다
동형-을 듯하다	오다	→ 올 듯하다
	작다	→ 작을 듯하다

❹ 동형-으며, 명이며

숲길을 지나가는데 경치가 아주 **아름다웠으며** 바람도 상쾌했다.

▶ 두 가지 이상의 상태나 행동을 나열할 때 사용합니다. '-고'와 같은 의미로, 글을 쓸 때나 발표 등 공식적인 상황에서 자주 씁니다.
These expressions are also used to list the state or actions of two or more items. They have the identical meaning as '-고' and are often used in formal settings, such as in writing or presentations.

예
- 소날은 노래를 **잘하며** 춤도 잘 춘다.
- 세종대왕은 한글을 **만들었으며** 백성들을 잘 다스리기 위해 노력했다.
- 내일 하늘은 **맑겠으며**, 따뜻해서 바깥 활동하기 좋겠습니다.
- 내 장점은 **긍정적이며** 공감 능력이 뛰어나다는 것이다.

▶ 시간의 순서에 따른 행동을 나타내는 '동-고'는 '동-으며'로 바꿔 쓸 수 없습니다.
'동-고' which represents actions in sequence, may not be used interchangeably with '동-으며.'

예
- 소날은 세수하고 밥을 먹는다.
  ≠ 소날은 세수하며 밥을 먹는다.

▶ 두 가지 이상의 행동을 동시에 하는 것을 나타낼 때에도 사용합니다. '동-으면서'와 같은 의미로, 글을 쓸 때나 발표 등 공식적인 상황에서 자주 씁니다.
These expressions are used when performing two or more actions simultaneously. They have the identical meaning as '동-으면서' and are often used in formal settings, such as in writing or presentations.

예
- 스마트폰을 **보며** 식사를 하는 사람들이 늘고 있다.
- **웃으며** 나에게 손을 흔드는 저 사람이 바로 소날 씨이다.
- 수업을 **들으며** 중요한 내용을 메모했다.
- 책을 **읽으며** 눈물을 흘리는 걸 보니 책 내용이 슬픈 듯하다.

6단원

❶ 동형-던데(요), 명이던데(요)

가: 여의도에서 **벚꽃 축제를 하던데** 같이 갈래요?
나: 좋아요. 이번 주 토요일에 갈까요?

▶ 말하는 사람이 과거에 직접 보거나 들어서 알게 된 정보를 상대방에게 말할 때 사용합니다.
These expressions are used to convey information that the speaker personally saw or heard.

예 가: 오늘 점심은 뭐 먹을까?
나: 학교 근처에 생긴 식당 가 봤어? 음식이 **맛있던데** 거기 가 보자.

가: 한국어를 배우고 싶은데 어디에서 배우면 좋을까요?
나: 서울대학교 언어교육원이 잘 **가르치던데** 거긴 어때?

▶ 이 표현을 문장의 끝에 사용하면 상대방의 의견에 반대하거나 듣는 사람의 반응을 기대한다는 느낌을 줄 수 있습니다.
By using these expressions at the end of a sentence, one can give the impression of disagreeing with the other person or expecting a response from the listener.

예 가: 테오 씨한테 같이 영화 보러 가자고 할까요?
나: 아까 테오 씨 만났는데 내일 시험이 있다고 도서관에 **가던데요**?
    (→ 그래서 테오 씨한테 같이 가자고 해도 못 갈 거예요)

▶ 주로 2, 3인칭 주어와 함께 씁니다. 1인칭 주어와 함께 쓸 때는 자신의 느낌이나 자신에 대해 새롭게 알게 된 것과 관련하여 말할 때만 쓸 수 있습니다.
They are mainly used in second or third-person subjects. When used in the first-person subject, it can only be used to state the speaker's own feeling or something new that you have learned about yourself.

예 • 제가 오늘 학교에 안 왔던데요. (×)
• 나나 씨가 오늘 학교에 안 왔던데요. (○)
• 저는 떡볶이가 생각보다 안 맵던데요. (○)

❷ 동-는다고 보다, 형-다고 보다, 명이라고 보다

가: 몇 살부터 외국어를 배우는 게 좋을까?
나: 외국어는 어릴 때 더 쉽게 배울 수 있기 때문에 어릴 때부터 배우는 것이 **좋다고 봐요**.

▶ 어떤 일에 대한 자기의 주장이나 의견을 말할 때 사용합니다.
These expressions are used to assert one's argument or opinion about something.

예 가: 어느 팀이 이길 것 같아?
　　나: 작년 우승 팀인 서울대학교가 **이긴다고 봐**.

　　가: 왜 4층에는 남자 화장실이 없고 여자 화장실만 있지요? 차별하는 거 아니에요?
　　나: 우리 학교에는 여학생이 더 많잖아요. 전 **문제가 안 된다고 봐요**.

동-는다고 보다	하다	→ 한다고 보다
	입다	→ 입는다고 보다
형-다고 보다	중요하다	→ 중요하다고 보다
	있다	→ 있다고 보다
명이라고 보다	예의	→ 예의라고 보다
	건강	→ 건강이라고 보다
동형-었다고 보다	알다	→ 알았다고 보다
	적다	→ 적었다고 보다
	필요하다	→ 필요했다고 보다
명이었다고 보다	문제	→ 문제였다고 보다
	효과적	→ 효과적이었다고 보다
동형-을 거라고 보다	오다	→ 올 거라고 보다
	소용없다	→ 소용없을 거라고 보다

▶ 자신의 감정이나 느낌 등을 말할 때는 사용할 수 없습니다.
These expressions cannot be used to refer to one's own emotions or feelings.

예 • 이 음식은 맛있다고 봐요. (×)
　　• 저는 녹차를 좋아한다고 봐요. (×)

❸ 여간 동-는 것이 아니다, 여간 형-은 것이 아니다, 여간 명인 것이 아니다
여간 동형-지 않다

지난주에 스마트시계를 샀는데 이 시계는 운동할 때도 쓸 수 있고 공부할 때도 쓸 수 있어서 **여간 편리한 것이 아니다**.

▶ 어떤 상태가 보통이 아닌 것을 강조해서 말할 때 사용합니다. '여간 동-는 게 아니다', '여간 형-은 게 아니다'의 형태로도 사용합니다.
These expressions are used to emphasize that a given state is out of the ordinary. They are also used in the form '여간 동-는 게 아니다,' '여간 형-은 게 아니다.'

예
- 우리 선생님은 **여간 친절한 것이 아니다**. (→ 우리 선생님은 아주 친절하다)
- 내 친구는 여행을 **여간 좋아하는 것이 아니어서** 매주 여행을 간다.
  (→ 내 친구는 여행을 아주 좋아해서 매주 여행을 간다)
- 서울의 야경은 **여간 아름답지 않다**. (→ 서울의 야경은 정말 아름답다)
- 축제에 사람들이 **여간 많이 오지 않았다**. (→ 축제에 사람들이 아주 많이 왔다)

여간 동-는 것이 아니다 있다, 없다	잘하다	→ 여간 잘하는 것이 아니다
	읽다	→ 여간 자주 읽는 것이 아니다
	맛있다	→ 여간 맛있는 것이 아니다
여간 형-은 것이 아니다	중요하다	→ 여간 중요한 것이 아니다
	많다	→ 여간 많은 것이 아니다
여간 명인 것이 아니다	적극적	→ 여간 적극적인 것이 아니다
여간 동-은 것이 아니다	잘생기다	→ 여간 잘생긴 것이 아니다
	입다	→ 여간 많이 입은 것이 아니다

▶ '여간 동-는 것이 아니다'는 대부분 동사 앞에 '빨리', '잘' 등과 같이 정도를 나타내는 부사와 같이 씁니다.
For '여간 동-는 것이 아니다,' the verb is usually preceded by a degree-indicating adverb such as '빨리,' '잘' etc.

예
- 한국인의 1인당 커피 소비량은 연간 353잔으로 한국인은 커피를 여간 마시는 게 아니다. (×)
- 한국인의 1인당 커피 소비량은 연간 353잔으로 한국인은 커피를 **여간 많이 마시는 게 아니다**. (○)

❹ 명이야말로

여러 곳을 가 봤지만 **제주도야말로** 내가 가 본 곳 중에서 가장 아름다운 곳이다.

▶ 다른 것이 아니라 바로 그 대상임을 강조해서 확인할 때 사용합니다.
This expression is used to emphasize that this (and none other) is exactly what the following clause represents.

예
- 사랑하는 사람이 많지만 **부모님이야말로** 내가 가장 사랑하는 분이다.
- 텔레비전, 냉장고 등 많은 물건이 있지만 **휴대폰이야말로** 현대인들에게 꼭 필요한 물건이다.
- 비싼 선물도 좋지만 손으로 직접 쓴 **편지야말로** 사람의 마음을 잘 전달할 수 있는 선물이다.
- 운동이나 건강식품을 먹는 것도 중요하지만 규칙적으로 **생활하는 것이야말로** 우리의 건강을 지킬 수 있는 가장 좋은 방법이다.

명이야말로	친구	→ 친구야말로
	월요일	→ 월요일이야말로

▶ 설명하려는 대상과 비교되는 지식이나 상황이 '이야말로' 앞에 나와야 합니다.
The knowledge or situation to be compared to the subject in focus must precede '이야말로.'

예
- 피곤할 때 비타민도 먹고 커피도 마시지만 **잠이야말로** 가장 좋은 해결책이다. (○)
- 잠이야말로 가장 좋은 해결책이다. (?)

❶ 명에 따라(서), 동-느냐에 따라(서), 형-으냐에 따라(서), 명이냐에 따라(서)

가: 전 이 안경이 마음에 들어요.
나: 글쎄요. **얼굴형에 따라** 잘 어울리는 안경이 달라요. 이 안경은 어때요?

▶ 뒤의 상황이 일어나게 하는 조건이나 기준을 나타낼 때 사용합니다. 뒤에는 '다르다', '차이가 있다/나다' 등의 표현이 오는 것이 자연스럽습니다.
These expressions are used to indicate the conditions or criteria for the situation that follows. It is natural for these expressions to be followed by predicates such as '다르다,' '차이가 있다/나다.'

예 가: 지하철 요금이 얼마예요?
나: **거리에 따라** 달라요. 어디까지 가는데요?

가: 이 김치는 보통 먹는 김치랑 다르네요. 맛이 독특해요.
나: 전라도 김치예요. **지역에 따라** 김치 맛에 차이가 있어요.

▶ 동사나 형용사는 '무슨, 언제' 등의 의문사와 함께 '동-느냐에 따라(서)', '형-으냐에 따라(서)'의 형태로 씁니다.
The verb and adjective are used with interrogative expressions such as '무슨, 언제,' and they are used in the form '동-느냐에 따라(서),' '형-으냐에 따라(서).'

예 가: 와, 저 식당 앞에는 사람들이 항상 줄을 서 있네요. 한번 가 보고 싶은데….
나: **언제 가느냐에 따라** 기다리는 시간에 차이가 있을 것 같아요. 내일 점심시간 전에 일찍 가 볼까요?

가: 태풍이 온다던데 내일 비행기가 이륙할 수 있을까요?
나: 그러게요. **날씨가 어떠냐에 따라서** 우리 일정이 달라질 수도 있어요.

동-느냐에 따라(서)	오다	→ 오느냐에 따라서
	먹다	→ 먹느냐에 따라서
형-으냐에 따라(서)	바쁘다	→ 바쁘냐에 따라서
	작다	→ 작으냐에 따라서
명이냐에 따라(서)	언제	→ 언제냐에 따라서
	무엇	→ 무엇이냐에 따라서
동형-었느냐에 따라(서)	보다	→ 봤느냐에 따라서
	울다	→ 울었느냐에 따라서
	필요하다	→ 필요했느냐에 따라서
명이었느냐에 따라(서)	어디	→ 어디였느냐에 따라서
	몇 명	→ 몇 명이었느냐에 따라서

▶ '보기에 따라서', '듣기에 따라서', '생각하기에 따라서'의 형태로도 씁니다.
They are also used in the forms '보기에 따라서,' '듣기에 따라서,' '생각하기에 따라서.'

예　가: 전 너무 말이 많은 것 같아요. 어떻게 하면 이 단점을 고칠 수 있을까요?
　　나: 글쎄요. **보기에 따라서** 다를 것 같아요. 장점이 될 수도 있고 단점이 될 수도 있지 않을까요?

❷ 몡에 의하면

가: 내일 등산 가려고 하는데 날씨가 괜찮을까?
나: **일기 예보에 의하면** 내일 눈이 온대.
    등산은 다음에 가는 게 낫지 않을까?

▶ 다른 사람의 말을 인용하거나 자신이 알게 된 정보의 출처를 나타낼 때 사용합니다.
This expression is used to quote others or to indicate the source of information.

  예 가: 이번 달 전기 요금이 지난달보다 너무 많이 나왔어. 지난달과 비슷하게 사용한 것 같은데….
  나: **정부 발표에 의하면** 이번 달부터 전기 요금이 오른다고 해. 그래서 그런 것 같은데?

  가: 내일 중요한 약속이 있는데 무슨 색 옷을 입는 게 좋을까요?
  나: **한 연구 논문에 의하면** 밝은색 옷을 입으면 상대방에게 좋은 인상을 줄 수 있다고 하더라고요.

▶ '몡에 의하면' 뒤에 인용하는 내용은 '통-는다고 한다', '혱-다고 한다', '몡이라고 한다'를 써야 합니다.
For the indirect quote that follows '몡에 의하면,' you must use '통-는다고 한다,' '혱-다고 한다,' '몡이라고 한다.'

  예 • 연구 결과에 의하면 적당한 스트레스는 일을 하는 데 도움이 됩니다. (×)
  • 연구 결과에 의하면 적당한 스트레스는 일을 하는 데 도움이 된다고 했습니다. (×)
  • 연구 결과에 의하면 적당한 스트레스는 일을 하는 데 도움이 된다고 합니다. (○)

▶ '몡에 따르면'으로 바꿔 쓸 수도 있습니다.
It can be interchangeably used with '몡에 따르면.'

  예 가: 시험이라 계속 앉아서 공부만 하니까 너무 힘드네요.
  나: 그럼 잠깐 산책을 하는 게 어때요? **연구 결과에 따르면** 산책은 기억력을 좋게 만든다고 해요.

❸ 명에 불과하다

한 달에 책을 한 권 이상 읽는 사람은 **열 명 중 한 명에 불과하다.**

▶ 어떤 것이 다른 것에 비해 아주 적을 때 사용합니다.
This expression is used when something is very small or trivial in comparison.

예
- 저녁 시간에 놀이공원에 가면 입장료가 **반값에 불과하다.**
- 11월에 회사에 들어가서 올해 쓸 수 있는 휴가가 **3일에 불과하다.**
- 조사 결과를 보면 고등학생 중에서 매일 운동한다는 응답은 **5%에 불과했다.**
- 대부분의 학생이 정말 열심히 공부해서 시험에 떨어진 사람은 **두 명에 불과했다.**

▶ 주로 수량에 대해 많이 쓰지만 별것 아니라는 뜻으로도 씁니다.
It is commonly used with quantities, but may also refer to something that implies trivial.

예
- 둘이 사귄다는 것은 **소문에 불과하다.**
- 드라마는 **드라마에 불과하기 때문에** 현실과 비교하면 안 된다.
- 이번 우리 회사의 경제적 지원은 앞으로 계속될 지원과 비교하면 **시작에 불과합니다.**
- 나이는 **숫자에 불과하다는** 말이 있다. 우리 할아버지는 70세가 넘으셨지만 이번에 피아노를 배우기 시작하셨다. 항상 새로운 도전을 하는 할아버지가 자랑스럽다.

❹ 명을 통해(서)

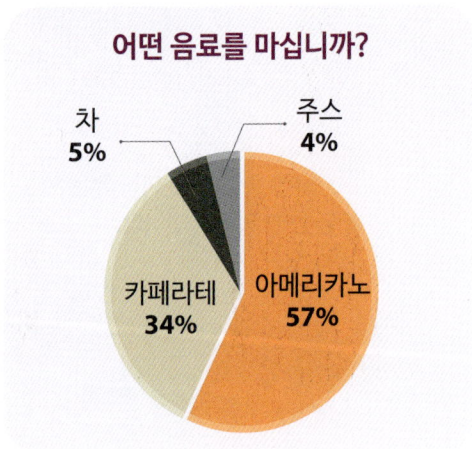

조사 결과를 통해 한국인이 커피를 많이 마신다는 것을 알 수 있다.

▶ 어떤 일을 하는 데 이용한 방법을 나타내거나 과정이나 경험이 바탕이 됨을 나타낼 때 사용합니다.
This expression indicates the means used to do something or that it is based on a process or experience.

  예
  - 아는 **사람을 통해** 그 가게를 소개받았다.
  - 요즘 **인터넷을 통해** 일자리를 알아보고 있다.
  - 우리는 **여행을 통해** 세계 여러 나라의 문화를 경험할 수 있다.
  - **실습을 통해** 간호사가 실제로 하는 일을 체험할 수 있을 것이다.

▶ '명을 통한 명'의 형태로도 쓸 수 있습니다.
It can also be used in the form '명을 통한 명.'

  예
  - 아이들에게는 **놀이를 통한 교육이** 효과적이다.
  - **컴퓨터 게임을 통한 한국어 교육 프로그램이** 개발되었다.

8단원

❶ 동형-을 리(가) 없다, 명일 리(가) 없다

소날은 외국에 있으니까….

가: 소날 씨가 오늘 모임에 꼭 온다고 했어요.
나: 소날 씨는 지금 외국에 있는데요.
　　모임에 **참석할 리가 없어요**.

▶ 말하는 사람이 확실히 사실이 아니라고 생각하거나 불가능하다고 생각하는 일을 나타낼 때 사용합니다.
These expressions are used when the speaker thinks something is not true or is impossible.

예　가: 민수 씨가 선배한테 욕을 해서 깜짝 놀랐어요.
　　　나: 민수 씨처럼 예의 있는 사람이 다른 사람한테 **욕을 했을 리가 없어요**. 잘못 들은 거 아니에요?

　　　가: 그 얘기 들었어요? 유진 씨가 시험에 떨어졌대요.
　　　나: **그럴 리가 없어요**. 어제 저한테 시험을 잘 봤다고 했는데요.

동형-을 리(가) 없다	오다	→ 올 리가 없다
	작다	→ 작을 리가 없다
명일 리(가) 없다	친구	→ 친구일 리가 없다
	학생	→ 학생일 리가 없다
동형-었을 리(가) 없다	작다	→ 작았을 리가 없다
	울다	→ 울었을 리가 없다
	노래하다	→ 노래했을 리가 없다
명이었을 리(가) 없다	친구	→ 친구였을 리가 없다
	한국 사람	→ 한국 사람이었을 리가 없다

▶ '-을 리가 있다'는 항상 질문 형태로만 사용되고, '-겠-'과 함께 쓰는 경우가 많습니다. '-을 리가 없다'와 의미가 같습니다.
'-을 리가 있다' is always used in the form of a question and frequently used with '-겠-.' It has the identical meaning as '-을 리가 없다.'

예 가: 아까 안나 씨한테 옷이 잘 어울린다고 했더니 안나 씨가 화를 냈어요.
나: 칭찬을 듣고 **화를 낼 리가 있어요**? 혹시 다른 말실수한 거 아니에요?

가: 아직도 화났어요? 장난으로 한 말이니까 화 풀어요.
나: 바보라는 말을 듣고 **기분이 좋을 리가 있겠어요**? 앞으로 저한테 말도 걸지 마세요.

❷ 명만 못하다

지난 영화 / 이번 영화

가: 이번에 나온 영화 봤다면서? 어땠어?
나: 1편이 너무 재미있어서 이번 영화도 기대했는데 **지난 영화만 못하더라고.** 배우들 연기도 별로고 이야기도 재미없는 것 같아.

▶ 두 가지를 비교해서 하나가 다른 하나에 미치지 못함을 나타낼 때 사용합니다.
This expression is used when one of the two items you're comparing falls short of the other.

> 예 가: 그 선수 올해는 성적이 어때요?
> 나: 올해는 부상을 당해서 **작년만 못한 것 같아요.**
>
> 가: 이번에 새로 나온 '사랑해'라는 노래 들어 봤어?
> 나: 어. 좋아하는 가수가 부른 노래라서 들어 봤는데 **기대만 못했어.**

▶ '명보다 못하다'와 바꿔 써도 같은 의미입니다.
Replacing it with '명보다 못하다' has the same meaning.

> 예 동생이 아무리 노래를 잘해도 형만 못해.
> = 동생이 아무리 노래를 잘해도 형보다 못해.

▶ '동-는 것만 못하다', '형-은 것만 못하다'와 같은 형태로 쓸 수도 있습니다.
It can also be used in the form of '동-는 것만 못하다,' '형-은 것만 못하다.'

> 예 가: 너무 완벽한 사람과 일할 때는 좀 부담스럽더라고.
> 나: 맞아. 완벽한 게 조금 **부족한 것만 못할 때**가 있지.
>
> 가: 어제 친구가 머리 잘랐는데 어떠냐고 해서 원래 머리가 더 잘 어울린다고 했더니 표정이 안 좋더라고요.
> 나: 솔직하게 말하는 것이 **거짓말을 하는 것만 못할 때**가 있잖아요.

❸ 동-은 채(로)

도서관 난방 장치가 고장 났다. 손이 너무 시려서 **장갑을 낀 채로** 책을 읽었다.

▶ 어떤 행동이나 상태가 끝난 후에도 그대로 지속되고 있을 때 사용합니다.
This expression is used to indicate a continuous state even after an action or state has been completed.

> 예
> - 집에 불이 나서 **잠옷을 입은 채로** 밖으로 나왔다.
> - 공부하다가 너무 피곤해서 **앉은 채로** 잠이 들었다.
> - 전화벨이 울려서 **신발을 신은 채** 집 안으로 급히 들어갔다.
> - **모자를 쓴 채로** 어른께 인사하는 것은 예의가 없는 행동이다.

▶ 앞의 행동이 당연한 경우에는 쓰지 않습니다.
It is not used when the preceding situation is quite apparent.

> 예
> - 수영복을 입은 채로 수영을 했다. (×)
> - 청바지와 티셔츠를 입은 채로 수영을 했다. (○)

▶ '동-어 놓은 채(로)', '동-어 둔 채(로)'의 형태로 자주 사용합니다.
It is often used in the form of '동-어 놓은 채(로),' '동-어 둔 채(로).'

> 예
> - 너무 피곤해서 불을 **켜 놓은 채로** 잠이 들었다.
> - 창문을 **열어 둔 채로** 외출을 했더니 바람이 불어서 책상 위의 종이가 모두 날아갔다.

▶ '-은 채(로)' 앞에는 '가다, 오다' 또는 행위가 명확히 끝나지 않거나 지속성이 강조되는 동사는 올 수 없습니다.
'가다, 오다' or actions that do not end clearly, or verbs that emphasize continuity, may not precede '-은 채(로).'

> 예
> - 시장에 간 채로 과일을 샀다. (×)
> - 눈물이 흐른 채로 영화를 봤다. (×)

❹ 동-는다 싶다, 형-다 싶다, 명이다 싶다

오늘 아침에 창문을 열어 보니 날씨가 좀 **춥다 싶어서** 옷을 따뜻하게 입고 나왔다.

▶ 사실에 근거해서 어떤 느낌이나 생각을 표현할 때 사용합니다.
These expressions convey a feeling or thought based on some factual information.

예
- 어떤 음식보다도 엄마가 해 준 음식이 가장 **맛있다 싶다**.
- 친구가 매운 음식을 **좋아한다 싶어서** 떡볶이를 준비해 놓았다.
- 오래 앉아 있어서 허리가 **뻣뻣하다 싶을 때는** 일어나서 스트레칭을 하는 것이 좋다.
- 나는 내 남자 친구가 **좋은 사람이다 싶은데** 부모님은 남자 친구를 마음에 들어 하지 않으신다.

동-는다 싶다	하다	→ 한다 싶다
	먹다	→ 먹는다 싶다
형-다 싶다	필요하다	→ 필요하다 싶다
	없다	→ 없다 싶다
명이다 싶다	친구	→ 친구다 싶다
	직업	→ 직업이다 싶다
동형-었다 싶다	가다	→ 갔다 싶다
	멀다	→ 멀었다 싶다
	잘하다	→ 잘했다 싶다
명이었다 싶다	문제	→ 문제였다 싶다
	일	→ 일이었다 싶다
동형-겠다 싶다	오다	→ 오겠다 싶다
	작다	→ 작겠다 싶다

9단원

❶ 동-으나 마나

가: 오늘 시험인데 공부를 하나도 안 했어. 한 시간 남았는데 지금이라도 공부하면 성적이 잘 나올까?

나: 한 시간밖에 안 남았는데 책 한 권을 어떻게 다 봐. **공부를 하나 마나** 소용없을 거야.

▶ 어떤 행동을 해도 소용이 없거나 효과가 없음을 나타냅니다.
This expression is used to indicate futility and uselessness at doing something.

> 예 가: 오늘 늦지 말라고 잘 이야기했으니까 민우 씨가 내일은 안 늦겠죠?
> 나: 민우 씨는 **잔소리하나 마나예요**. 내일도 분명히 늦을 거예요.
>
> 가: 이 옷 어때요? 이거 입으면 겨울에 안 춥겠죠?
> 나: 한국 겨울은 추워서 그렇게 얇은 옷은 **입으나 마나일** 거예요.

▶ 시도를 나타내는 '동-어 보다'와 함께 써서 '동-어 보나 마나'의 형태로도 자주 씁니다. 어떤 일을 해 보지 않아도 결과를 알 수 있을 때 사용합니다.
When combined with '동-어 보다' that represents an attempt, it is often used in the form '동-어 보나 마나.' It is used when you already know the outcome without having to take any action.

> 예 가: 은행에서 통장을 만들고 싶은데 지금 가면 만들 수 있을까요?
> 나: 벌써 5시가 넘었으니까 **가 보나 마나** 영업시간이 끝났을 거예요.
>
> 가: 제가 만든 과자인데 한번 드셔 보세요. 맛있을지 잘 모르겠어요.
> 나: 나나 씨는 요리를 잘하잖아요. **먹어 보나 마나** 맛있을 거예요.

❷ 동-기는 틀렸다

비도 많이 오고, 바람도 많이 부네….

가: 우리 이따가 테니스 치기로 했잖아. 근데 비가 너무 많이 오는데….
나: 날씨가 너무 안 좋아서 오늘 **테니스를 치기는 틀린 것 같아.**

▶ 바라던 일이나 하려던 일이 잘되지 않을 거라고 확신해 말할 때 사용합니다.
This expression is used to indicate a certainty that something you want or trying to do is not working out.

예 가: 내일이 리포트 마감일인 거 알고 있지?
나: 아, 맞다. 리포트도 있었지. 나 내일 할 발표 준비도 아직 못 끝냈는데…. 오늘 일찍 **자기는 틀렸네.**

가: 아까 실수로 휴대폰을 물에 빠뜨렸는데 수리 센터에 맡기면 고칠 수 있을까?
나: 너 액정도 깨졌잖아. 내 생각에는 **고치기는 틀린 것 같아.**

▶ '-기는 틀렸다'는 항상 서술형으로만 말하고, 질문으로 말할 경우에는 '-기는 틀렸지요?'처럼 확인을 할 때에 주로 말할 수 있습니다. 청유형이나 명령형으로는 사용하지 않습니다.
'-기는 틀렸다' is always used in the descriptive form, and it may only be used to verify something as in the question '-기는 틀렸지요?' It is not used in propositive or imperative sentences.

예
- 비가 많이 와서 **경기가 열리기는 틀렸어요.** (○)
- 비가 많이 와서 경기가 열리기는 틀렸어요? (×)
- 비가 많이 와서 **경기가 열리기는 틀렸지요?** (○)
- 비가 많이 와서 경기가 열리기는 틀리세요. (×)
- 비가 많이 와서 경기가 열리기는 틀립시다. (×)

❸ 명으로(서)

관광객으로서 한국에 왔을 때와 **교환 학생으로서** 한국에 왔을 때의 느낌과 마음가짐은 차이가 있는 것 같다.

▶ 지위나 역할, 자격이 있는 상태에서 어떤 행동을 한다는 것을 표현할 때 사용합니다.
This expression is used to indicate an action performed based on position, role, or qualification.

예
- **형으로서** 동생을 잘 챙기는 것은 당연한 일이다.
- 우리 어머니는 **엄마로서의** 삶보다는 **의사로서의** 삶을 살고 싶어 하셨다.
- 제가 **대표로서** 책임을 다하지 못한 것 같아 직원들에게 미안한 마음입니다.
- 한국어를 한마디도 못하던 학생들이 한국어로 유창하게 이야기하는 것을 보니 **한국어 선생님으로서** 큰 보람을 느낍니다.

▶ 설명하려는 주제를 소개할 때 사용할 수 있습니다. '명은 명으로서 (어떻다)'의 형태로 사용합니다.
It may be used to introduce the topic you are about to explain. It is also used in the form '명은 명으로서 (어떻다).'

예
- **추석은 한국의 대표적인 명절로서** 송편을 먹는 풍습이 있다.
- **호랑이는 한국의 대표적인 동물로서** 옛날이야기에 자주 등장한다.
- **개천절은 공휴일 중 하나로서** 단군이 한국 땅에 처음 나라를 세운 것을 기념하는 날이다.
- **광화문은 경복궁의 정문으로서** 다른 궁궐의 문보다 규모가 클 뿐만 아니라 화려한 것이 특징이다.

❹ 동형-으나, 명이나

지난 대회에서는 한국대학교가 **우승했으나** 이번 대회에서는 예선에서 탈락했습니다.

▶ 앞 절의 내용과 뒤 절의 내용을 서로 대조할 때 사용합니다.
These expressions are used to contrast the preceding and the following clauses.

예
- 한국과 우리 고향의 여름철 기온은 **비슷하나** 한국의 습도가 높아서 더 덥게 느껴진다.
- 나이가 들면서 운동이 필요하다고 생각하는 사람은 **많으나** 그 생각을 실천으로 옮기는 사람은 많지 않다.
- 많은 과학자들이 그 병을 치료할 수 있는 약을 만들려고 **노력해 왔으나** 아직도 효과적인 약이 개발되지 않았다.
- 초등학교는 여자 선생님의 비율이 **75% 이상이나** 교장 선생님의 경우 여전히 남자 선생님의 비율이 높은 편이다.

동형-으나	오다	→ 오나
	작다	→ 작으나
명이나	친구	→ 친구이나
	학생	→ 학생이나
동형-었으나	보다	→ 봤으나
	울다	→ 울었으나
	따뜻하다	→ 따뜻했으나
명이었으나	친구	→ 친구였으나
	학생	→ 학생이었으나

▶ '-으나'는 주로 글을 쓸 때 사용하며 연설, 토론, 뉴스 등 공식적인 상황에서 사용됩니다. 반면에 '-지만'은 쓰기와 말하기에 모두 사용할 수 있습니다.
'-으나' is primarily used in formal settings such as speeches, debates, and daily news. On the other hand, '-지만' is used in both writing and casual conversations.

- 오늘 일이 늦게 끝나지만 모임에 참석할 수는 있을 거야. (○)
- 오늘 일이 늦게 끝나나 모임에 참석할 수는 있을 거야. (?)
- 세계태권도연맹의 발표에 의하면 태권도 경기에서 주먹 사용은 금지되어 **왔으나** 경기 규칙의 변경으로 주먹을 사용할 수 있게 됐다고 했다. (○)
- 세계태권도연맹의 발표에 의하면 태권도 경기에서 주먹 사용은 금지되어 왔지만 경기 규칙의 변경으로 주먹을 사용할 수 있게 됐다고 했다. (○)